Alexandra David-Néel

Die geheimen Lehren des tibetischen Buddhismus

Die französische Originalausgabe erschien 1953 unter dem Titel
Enseignements Secrets des Bouddhistes Tibétains

Deutsch von Dr. Hans-Georg Türstig,
unter Verwendung der 1971 im Verlag der Maha Bodhi Society
of India in Calcutta erschienenen englischsprachigen Ausgabe
The Secret Oral Teachings in Tibetan Buddhist Sects

Umschlagentwurf: G. Hornfeck, München,
unter Verwendung des Bildes "Dorje, der Kühne", 1925,
von Nicholas Roerich, Roerich Museum, New York.
Mit freundlicher Genehmigung
der Roerich Gesellschaft Deutschland e.V.

Printed in Germany

ISBN 3–927837-65–2

Inhalt

Vorwort

Dieses Buch berichtet von den Lehren, die die Tibeter *Gsang bai gdams ngag [Gsang wai Gdam Ngag]*, "Geheimlehren" oder "geheime Instruktionen" nennen. In den folgenden Seiten wird erklärt, in welchem Sinne sie als "geheim" zu verstehen sind und auf welche Weise sie übermittelt wurden. Ich habe mich darum bemüht, sie so objektiv wie möglich darzustellen und meine persönlichen Ansichten auszuklammern. Schließlich handelt es sich nicht um eine Apologie, sondern darum, einige der Lehren der intellektuellen Elite Tibets zu veröffentlichen, die einem ausländischen Forscher nur sehr schwer zugänglich sind. Die Leser sollten sich über die in diesem Buch vorgestellten Lehren ihre eigene Meinung bilden und können, wenn sie wollen, weiter über sie nachdenken und meditieren. Die Aufgabe eines Forschers besteht allein darin, Tatsachen zu veröffentlichen, die von Interesse sein können und unser Wissen möglicherweise erweitern.

Vorwort zur neuen, erweiterten Auflage

Das vorliegende Buch ist ein einzigartiges Dokument, die Frucht von Untersuchungen, die über zwanzig Jahre in Tibet durchgeführt wurden und nicht mehr wiederholbar sind. Schon damals waren Kontakte zur religiösen Intelligenz Tibets nur schwer herzustellen, aber heute ist das vollkommen unmöglich geworden. Die neuen politischen Verhältnisse Zentralasiens führten dazu, daß große Teile der einst einsamen Landstriche Agrarunternehmern und Spekulanten in die Hände fielen. Der hektische Lärm der modernen Zivilisation hat die feierliche Stille zerstört, die in den beschaulichen Höhlen der Eremiten, in den friedlichen Wohnstätten und in den von hohen Mauern umgebenen Wohnsitzen der Aristokratie herrschte, in denen man sich an der Lektüre gelehrter Schriften und an langen Meditationen erfreute.

Die Einsiedler, Philosophen und Denker, sowie die kleinen Gruppen von Schülern, die sich um sie scharten, sind verschwunden. Wo soll man nach ihnen suchen?

Nicht, daß es in Asien keine Denker mehr gäbe. Keineswegs. Sicher sind einige spirituelle Meister, die mich belehrt haben, inzwischen verstorben, doch sind andere dafür aufgetaucht. Immer wird es überall auf der Welt Menschen geben, die sich bemühen herauszufinden, was die Welt der Phänomene innen und außen in Bewegung hält; Menschen, die sich für die Entwicklung der Welt und ihrer eigenen Persönlichkeit interessieren. Doch wo kann man sie finden? Heute hat man nicht mehr, wie früher, die Möglichkeit, frei durch die Wälder, Berge und Hochebenen dieses Landes zu streifen.

Untersuchungen wie sie in diesem Buch vorgestellt werden, kann man wie gesagt nicht wiederholen. Man kann daher mit Recht behaupten, daß diese Seiten ein einzigartiges und einmaliges Zeugnis der philosophischen Vorstellungen der Intellektuellen des tibetischen Buddhismus enthalten.

An dieser Stelle muß ich hinzufügen, daß es mir trotz meiner Anstrengungen und weitreichenden Kenntnisse der verschiedenen buddhistischen Lehren ohne die treue Mitarbeit meines verstorbenen Adoptivsohnes Lama Yongden nicht möglich gewesen wäre, das Vertrauen der spirituellen Meister Tibets zu gewinnen. Ich hätte sie auch nie veranlassen können, mir die philosophischen Einsichten und geistigen Disziplinen zu offenbaren, die sie normalerweise geheimhalten.

ERSTES KAPITEL

Das Geheimnis

Schon seit langer Zeit habe ich mich mit dem Gedanken getragen, dieses Buch zu schreiben. An einem schönen Sommernachmittag unterbreitete ich meinen Plan einem tibetischen Gelehrten, der in einem kleinen Haus im Felsengebirge ein beschauliches Leben führte.

"Reine Zeitverschwendung", meinte er, alles andere als ermutigend. "Die meisten Leser und Zuhörer sind überall auf der Welt gleich. Bestimmt unterscheiden sich die Leute in Ihrem Land nicht von denen, die mir in China und Indien begegneten, und die waren auch nicht anders als die Tibeter. Halten Sie Vorträge über tiefe Wahrheiten, dann gähnen sie, stehen auf und gehen, wenn sie es wagen. Erzählen Sie ihnen aber absurde Geschichten, dann starren die Leute Sie mit großen Augen an und hören mit offenem Mund gebannt zu. Egal ob es um Religion, Philosophie oder die Gesellschaft geht, die Leute wollen nur solche Lehren hören, mit denen sie einverstanden sein können, die zu ihren Vorstellungen passen und die ihren Neigungen entsprechen. Sie wollen sich in den Lehren wiederfinden und sich durch sie bestätigt fühlen."

Damit erzählte mir der Meister nichts Neues. So oft schon hatte ich im Westen Männer und Frauen davon reden gehört, daß sie eine befriedigende Religion finden wollten, und ich sah auch, wie sie Lehren mit der Bemerkung verwarfen: "Das gefällt mir nicht."

Was ist nun dieses *Etwas*, das Gefallen finden möchte, das gestreichelt und zufriedengestellt werden will? Es ist diese Ansammlung falscher Vorstellungen und unvernünftiger Neigungen, es sind die Gefühle einer verkümmerten Sinnlichkeit, die sich hinter der Fassade einer Marionette namens "*Ich*" verbergen. Damals mußte ich an all die Frömmler denken, die sich an Weihrauch und ergreifender Orgelmusik im Halbdunkel unserer Kathedralen berauschen in dem Glauben, sie befänden sich auf dem Weg zu spirituellen Höhen. Ich dachte an all jene, egal zu welcher Religion oder Glaubensrichtung sie gehören, die beim Klang bestimmter Namen und Worte ehrfürchtig erschauern, obwohl es sich dabei eigentlich doch nur um leere und unwirkliche Geräusche handelt. "Im allgemeinen", fuhr der Meister fort, "unterscheiden wir drei Arten von Personen: vollkommen stumpfsinnige; durchschnittlich intelligente, die bestimmte, ganz offensichtliche Wahrheiten begreifen können; und überdurchschnittlich intelligente, die eine scharfe Auffassungsgabe besitzen und damit hinter die Kulissen der Welt der physischen Phänomene schauen können und die Ursachen verstehen, die dort am Werke sind.[1] Es reicht, wenn man den Letzteren seine Aufmerksamkeit schenkt und ihnen sagt: 'Betrachtet es von diesem Standpunkt, überlegt euch das'. Sie erkennen dann, was es dort, wo sie hinschauen sollen, zu erkennen gibt, und sie verstehen, was man ihnen wirklich zeigen wollte.

Man kann die sogenannten geheimen Lehren ruhig ganz öffentlich verkünden, weil sie den stumpfsinnigen Leuten trotzdem ein Geheimnis bleiben. Denn solche Menschen hören zwar die Worte, verstehen sie aber nicht. Es liegt also nicht am Meister, wenn die geheimen

1 Diese drei Klassen von Menschen werden der Reihe nach *thama*, *hbring [ding]* und *rab* genannt.

Lehren ein Geheimnis bleiben, sondern an den Zuhörern. Ein Meister kann zwar die Tür öffnen, aber der Schüler muß imstande sein, selber zu sehen, was dahinter liegt. Es gibt Lehrer, die beurteilen können, wie scharfsinnig ein Schüler ist, der die Lehren empfangen will. Sie erklären bestimmte Lehrsätze nur solchen Schülern ausführlicher, die sie ihrer Einschätzung nach auch verstehen können. So wurden die tiefgründigen Aspekte der Lehren über viele Generationen hinweg vom Meister an Schüler mündlich weitergegeben und gerieten dadurch nicht in Vergessenheit. Auch Sie haben diese Lehren gehört. Verfahren Sie damit nun, wie es Ihnen beliebt. Sie sind sehr einfach, aber sie stoßen wie ein mächtiger Rammbock gegen die Mauer der falschen Vorstellungen, die sich im Geist der Menschen eingenistet haben. Sie rütteln auch an den Emotionen, die anfangs Spaß machen, aber dann in Schmerzen enden . . . Versuchen Sie es!"

Jetzt erinnerte ich mich an alte buddhistische Texte, die davon berichten, daß der Buddha vor dem Beginn seiner Lehrtätigkeit unschlüssig war:

"'Ich habe eine tiefgründige Wahrheit entdeckt. Sie ist schwer zu erkennen, kaum zu verstehen und nur den Weisen zugänglich. Die Menschen aber sind geschäftig im Strudel der Welt und finden dort ihre Freude. Es ist deshalb schwierig für sie, das Gesetz der Verkettung von Ursachen und Wirkungen zu begreifen, die Unterdrükkung von *samskâra*(s)[2]. . .

Welchen Sinn hat es, den Menschen das zu offenbaren, was ich unter großen Anstrengungen mühselig entdeckt habe? Warum sollte ich das tun? Menschen, die von Wünschen und Haß erfüllt sind, können diese Lehre gar nicht verstehen . . . sie ist mysteriös und tiefgründig, dem

2 *Samskâras* sind geistige Gebilde, selbstgemachte Gedanken und Vorstellungen, die auf Unwissenheit beruhen. Siehe unten für eine ausführlichere Erklärung.

gewöhnlichen Geist unzugänglich. Wenn ich sie verkünde und die Menschen sie nicht verstehen können, wird mich das nur müde und ärgerlich machen.' Aufgrund dieser Gedanken fühlte sich der Erhabene[3] geneigt, zu schweigen und diese Lehre nicht zu verkünden."

An dieser Stelle erzählen die Texte mit typisch orientalischer Phantasie von dem Eingreifen des Gottes *Brahmâ Sahampati*, der die Gedanken des Buddha in Worte faßte. *Brahmâ Sahampati* ermahnte den Buddha, sein Zögern zu überwinden:

"'Möge der Erhabene die Lehre verkünden! Denn es gibt Wesen, deren spirituelle Augen nur von einer ganz dünnen Staubschicht bedeckt sind, und sie werden die Lehre verstehen. Im Lande Magadha[4] herrschte bis heute eine falsche Lehre, die auf Menschen mit (aufgrund von Unwissenheit) unreinem Geist zurückgeht. Öffne ihnen nun das Tor zur Unsterblichkeit (wörtlich 'zur Todlosigkeit').

Erhebe dich, Siegreicher! Wandere durch die ganze Welt, du Anführer aller Pilger (Wesen, die im Kreislauf von Tod und Wiedergeburt umherirren). Es gibt einige, die dich verstehen werden.'

Da schaute der Buddha mit transzendenter Einsicht in die Welt und sah Wesen, deren spirituelle Augen nur von einer dünnen Staubschicht bedeckt waren. Manche hatten einen scharfen Verstand, andere waren stumpfsinnig.

Viele Lotosblumen wachsen in einem Teich. Einige blühen unter der Wasseroberfläche, andere wachsen bis

3 *Bhagavân* ist eine respektvolle Anrede für bedeutende religiöse Persönlichkeiten. Sie ist aber auch unter *Sannyâsins* (hinduistischen Asketen) gebräuchlich. Bestimmte Gottheiten werden ebenfalls so angesprochen. *Bhagavân* bedeutet "herrlich", "glorreich", "erhaben" und so weiter. Im Englischen haben viele Autoren die Übersetzung "Blessed One" (Gesegneter) verwendet, und im Französischen findet man häufig die gleichbedeutende Übersetzung "Le Bienheureux". Das entspricht jedoch nicht der eigentlichen Bedeutung von *Bhagavân*. "Ehrwürdiger" kommt dem Sinn wesentlich näher.

4 Das alte Königreich Magadha in Zentralindien war der Schauplatz der Aktivitäten des Buddha.

an die Oberfläche, und wieder andere ragen aus dem Wasser heraus, und das Wasser benetzt ihre Blüten nicht. Ebenso erblickte das Auge des Buddha viele unterschiedliche Wesen in der Welt: Manche waren von irdischer Verkommenheit unberührt, andere hatten einen scharfen Verstand, und wieder andere waren stumpfsinnig. Er sah Menschen mit edlem Charakter, gute sowie schlechte Zuhörer. Als er all das gesehen hatte, sprach er zu *Brahmâ Sahampati*: 'Öffne allen das Tor zur Ewigkeit. Laß den, der Ohren hat zu hören, hören!'"

Ich bezweifle, daß der göttliche *Brahmâ Sahampati* mich seines Eingreifens für würdig erachten würde. Trotzdem habe ich es gewagt, diesen Rat, den er einst jenem bedeutenden Heiligen Indiens gab, zu befolgen. Im Vertrauen auf die Erlaubnis, die ich an der Schwelle dieser Einsiedelei in Tibet erhielt, versuche ich nun, diese "geheim" (*sangwa* [*gsang wa*]) genannte Sammlung von Theorien und Lehrsätzen zusammenfassend darzustellen – geheime mystische Lehren, die eng verknüpft sind mit der Vorstellung von der transzendenten Einsicht, *lhang tong* [*lhag mthong*].

Die Lehren aller Meister waren schon immer Interpretationen und Entwicklungen unterworfen, die manchmal den Sinn der ursprünglichen Lehren verdeutlichten und erweiterten, oft aber auch die eigentliche Bedeutung verfälschten. Das gilt natürlich besonders für Meister, die keine schriftlichen Zeugnisse hinterließen. Es trifft aber auch auf viele Lehren zu, die uns als authentische Texte schriftlich überliefert sind. Der Buddhismus bildet hier keine Ausnahme. Vor allem in Indien, später aber auch in anderen Ländern, in denen er sich ausbreitete, blühten alle möglichen Theorien auf, die ihn manchmal fast bis zur Unkenntlichkeit entstellten.

Ich habe bereits anderswo[5] erklärt und in einer Ta-

5 In *Le Bouddhisme du Bouddha et ses développements mohagônistes et tantriques.*

belle gezeigt, daß man die grundlegenden buddhistischen Lehren auf zwei Seiten zusammenfassend darstellen kann. Diese Lehren werden von allen buddhistischen Schulen ausnahmslos akzeptiert, und sie bilden auch die Grundlage aller anerkannten Interpretationen und Weiterentwicklungen. Es ist nicht immer einfach aufzuzeigen, warum bestimmte Interpretationen berechtigt sind. Buddha bestand nachdrücklich darauf, daß man seine Lehrsätze sorgfältig prüfen und wirklich selber verstehen müsse, ehe man sie als Wahrheit akzeptieren könne. Schon die ältesten Texte lassen in dieser Hinsicht keine Zweifel zu:

"Euer Glaube soll nicht allein auf Traditionen beruhen, selbst wenn diese seit vielen Generationen und an vielen Orten in hohem Ansehen gehalten werden. Glaubt nicht nur deshalb an etwas, weil viele Leute davon sprechen. Glaubt nicht nur deshalb, weil es Heilige vor langer, langer Zeit verkündet haben. Glaubt nicht an etwas, das ihr euch selber ausgedacht habt, nur weil ihr annehmt, es handele sich um eine göttliche Eingebung. Glaubt nicht an etwas, das nur auf der Autorität eurer Meister und Priester beruht. Nach eingehender Untersuchung sollt ihr nur das glauben, das ihr selber geprüft habt und für sinnvoll erachtet und das eurem eigenen und dem Wohl der anderen dient."[6]

Anderswo beschließt Buddha eine Unterredung mit einigen seiner Schüler, indem er sie fragt:

"Wenn ihr das nun verstanden und gesehen habt, werdet ihr jetzt sagen, wir ehren den Meister, und aus Respekt sprechen wir so?"

"Nein, das werden wir nicht sagen."

"Meine Schüler! Entspricht nicht das, was ihr sagt, eurer eigenen Erkenntnis, eurem eigenen Verständnis?"

"Ja, so ist es, Erhabener!"

6 *Kalama Sutta.*

Im Laufe der Jahrhunderte machten viele feinsinnige Philosophen Indiens und Chinas Gebrauch von dieser hier nicht nur erlaubten, sondern sogar geforderten Freiheit des Denkens und Interpretierens. Sie haben sie geschickt angewandt, und wir können noch heute aus den uns überlieferten, oft erstaunlichen Streitgesprächen viel lernen. Die Tibeter standen ihnen darin in nichts nach, und man kann in ihren wohlbehüteten, mündlichen Überlieferungen eine interessante Verbindung zwischen der indischen Philosophie und der besonderen Mentalität der gelben Rasse feststellen. Andererseits stimmen die gebildeteren zeitgenössischen Anhänger der Meditationsschule (*dhyâna*) – in China *Ts'an* und in Japan *Zen* genannt – darin überein, daß ihr Buddhismus in dieser Form dem Verständnis der Menschen der gelben Rasse entspricht.

Die Vermischung unterschiedlicher Mentalitäten hat den geheimen Lehren des tibetischen Buddhismus ihre besondere Qualität eines transzendenten Rationalismus verliehen, ein strenges intellektuelles Gleichgewicht, das ihn von der Volksreligion und der emotionalen Mystik bestimmter Schulen des *Mahâyâna* gänzlich unterscheidet.

Es ist offensichtlich, daß die große Mehrheit derer, die sich Buddhisten nennen, das hohe geistige Niveau der Lehren des Buddha noch nicht erreicht hat. Die meisten von ihnen haben sich für ihre eigenen Zwecke alle möglichen Formen des Buddhismus gebildet, die oft alles andere als buddhistisch sind. In ihrer Unwissenheit klammern sich diese Menschen häufig geradezu verbissen an ihren Glauben und an ihre oft absurden Praktiken und meinen, es handele sich dabei um den einzig wahren Buddhismus.

Die Intelligenteren sehen zwar deutlich, daß diese "Spielarten" des Buddhismus widersinnig sind, aber sie unterwerfen sich ihnen trotz allem und akzeptieren sie als unvermeidliches Zugeständnis an die geistige Schwäche der “breiten Masse”. Sie möchten nämlich eine “unspezifische Masse” von einzelnen Individuen gern ordnen und in einer Klasse zusammenfassen, auch wenn diese Klassifizierung ihnen nicht angemessen ist. Ein japanischer Gelehrter, der eine starke Zuneigung zu diesen degenerierten Formen des Buddhismus zeigt (oder sollte ich es “eine zärtliche Schwäche” nennen?), drückt sich folgendermaßen aus:

“Bisweilen mögen wir die Anforderungen der Vernunft ignorieren und uns, wenn auch meist unbewußt, mit Behauptungen zufriedengeben, die einander bei kritischer Prüfung widersprechen. Aber wir können keinesfalls jene religiöse Empfindung vernachlässigen, die nur in der Tatsächlichkeit der Dinge selber Genugtuung findet. Wenn es im Namen des Glaubens jemals zu ganz offensichtlichen Widersprüchen der Lehre kam, so lag das daran, daß man den ständig drängenden Anforderungen der Gläubigen nachkommen mußte – sogar auf Kosten der Vernunft.”

Anderswo schrieb derselbe Autor:

“Die Unnachgiebigkeit von *Karma* ist mehr als ein armer Sterblicher ertragen kann.”[7]

Das ist durchaus möglich und trifft wahrscheinlich auf die mcisten von uns zu. Doch was veranlaßt solche Menschen mit einem derart schwachen Geist, sich Buddhisten zu nennen? Sollten sie sich nicht lieber anderen Lehren zuwenden, die ihre sentimentalen Neigungen mit entsprechenden Märchen befriedigen? Dann bräuchten sie keine Angst vor der ewigen Verdammnis zu haben, sondern lediglich vor jenen qualvollen Momenten, die ihnen ihr falsches Handeln und Denken bescheren.

Die tibetischen Meister weisen immer wieder nachdrücklich darauf hin, daß ihre geheimen, traditionellen

7 Professor D.T. Suzuki in *Outlines of Mahayana Buddhism*, S. 218 und 283.

Lehren für Menschen der Kategorie *rab* bestimmt sind, das heißt für Personen mit überdurchschnittlicher Intelligenz oder, um bei dem oben erwähnten Bild zu bleiben, “für die Lotosblumen, die über die Wasseroberfläche hinauswachsen”. Diese Lehren dienen nicht dem Vergnügen einfältiger Menschen, die in den Schriften Tibets nachsichtig “Kinder” genannt werden. Sie sollen vielmehr die Starken stärker machen, die Intelligenten intelligenter und die Scharfsinnigen scharfsinniger, und sie sollen solche Menschen zur transzendenten Einsicht [*lhag mthong*], zur wirklichen Erleuchtung führen. Aus diesen Gründen bleiben die Erklärungen und Methoden dieser Lehren einer ganz bestimmten Klasse von Schülern vorbehalten und werden deshalb “geheim” genannt.

Der Buddhismus dieser intellektuellen Elite Tibets beruht auf echter buddhistischer Inspiration und stammt aus der Blütezeit der buddhistischen Philosophie. Seine Lehren gelten als traditionell, denn sie wurden in einer ununterbrochenen Linie von Meistern an Schüler weitergegeben. Eingeweihte dieser mystischen Lehren erklären, daß diese nicht auf eine übernatürliche Offenbarung zurückgehen, sondern auf intellektuelle und spirituelle Untersuchungen von Menschen, die damit zugleich Forschungen im physischen Bereich verbanden. In diesem Zusammenhang erleichtern uns die bemerkenswerten Erkenntnisse der modernen Naturwissenschaft das Verständnis der Theorien dieser geheimen Lehren. Die Menschen, die diese Theorien aufstellten, müssen eine höhere Intelligenz und Vernunft gehabt haben; sie besaßen die transzendente Einsicht: *lhag mthong*.

An der Spitze der Meister, die diese Lehren weitergaben, steht häufig *rDo-rje 'chang*[8] [*dordschi tschang*]. Als

8 Im Sanskrit heißt er *Vajradhara*, “Träger des Donnerkeils”, und ist mit dem Zeus der alten Griechen vergleichbar.

"Träger des mystischen Zepters" (*vajra-dhara*) ist er allerdings eher symbolisch als historisch zu verstehen, denn *rdor rdji* repräsentiert die Macht, die die traditionellen Lehren verleihen. Auch wenn manche Leute trotzdem versucht sind, in *rDo-rje 'chang* einen historischen Menschen zu sehen, der besondere Doktrinen verkündete, so würde doch niemand so weit gehen, ihn als Begründer dieser Lehren zu bezeichnen.

Das wahre Ziel der Ausbildung, die in den traditionellen mündlichen Lehren überliefert wird, besteht darin, die transzendente Einsicht zu gewinnen. Dabei geht es jedoch nicht darum, wie viele meinen, den Schülern bestimmte Dinge *beizubringen* oder ihnen gewisse Geheimnisse zu *offenbaren*, sondern ihnen die Mittel zu zeigen, mit denen sie sie selber lernen und entdecken können.

Die Meister dieser geheimen Lehren vertreten die Ansicht, daß eine Wahrheit, die man von anderen lernt, keinen Wert hat; nur die Wahrheit ist wertvoll, lebendig und wirksam, die wir selber entdecken. Andernfalls bräuchten wir ja nur die zahllosen Schriften zu lesen, in denen Philosophen, Gelehrte und Doktoren der verschiedenen Religionen ihre Ansichten erläutert haben, und uns dann eine auszuwählen, die unseren eigenen Vorstellungen entspricht und der wir folgen können. Genau das aber machen tatsächlich die meisten Menschen, die von den Tibetern als durchschnittlich intelligent eingestuft werden. Eine solche Einstellung muß man jedoch hinter sich lassen. Es reicht nicht, mit Augen zu sehen, die – mit den Worten buddhistischer Texte – "nur mit einer dünnen Staubschicht bedeckt sind", wie dünn diese auch sein mag. Es geht vielmehr darum, auch den letzten Rest von Staub zu beseitigen, der unser Sehen beeinträchtigt.

Wörtlich bedeutet *lhag mthong*: "*mehr*" sehen, "*darüber hinaus*" sehen, "*außerordentlich*" oder "*vortreff-*

lich" sehen. Es geht also nicht nur darum, mehr zu sehen, als die breite, stumpfsinnige Masse der Menschen, sondern über die Grenzen auch geistig kultivierter Menschen hinauszuschauen, das dritte Auge des Wissens zu öffnen, das die Meister der tantrischen Schulen im Zentrum der Stirn ihrer symbolischen Gottheiten darstellen.

ZWEITES KAPITEL

Sehen

Der Glaube an das ewige Heil, den Anhängern aller Religionen empfohlen und von diesen als wesentliche Tugend angesehen, wird in den geheimen Lehren überhaupt nicht gebilligt. Auf der Grundlage der Empfehlung des Buddha an seine Schüler lautet der vornehmliche Rat des Meisters an jeden Neuling: "Zweifle!" Zweifeln spornt zum Suchen an, und Suchen führt zu Wissen. Das bedeutet jedoch nicht, daß man auf dem Weg der mystischen Lehren allein auf die eigenen Ressourcen angewiesen ist. Man wird vielmehr mit bestimmten Tatsachen konfrontiert, die einem vorher immer so einleuchtend erschienen, daß man sie nie in Frage stellte. Der Meister spricht:

"Untersucht nun, ob diese Tatsachen, die eurer Ansicht nach die Wirklichkeit repräsentieren, wirklich real sind. Prüft sie ganz genau und eingehend, und laßt alle vorgefaßten Meinungen beiseite. Befreit euren Geist von allen Ansichten über diese Dinge: *Bezweifelt* alles, was ihr bis jetzt bedenkenlos akzeptiert habt. Schaut die Welt an, als wäre euch alles vollkommen neu, und dann achtet genau auf die Reaktionen eures Geistes."

Wenn wir uns alle Menschen – und wir schließen uns selbst natürlich ein – prüfend ansehen, wenn wir die vielfältigen Phänomene erforschen, die in unserer Gegenwart ständig auftauchen und verschwinden, dann erreichen wir schließlich einen Punkt, an dem wir den Betrachter dieses ganzen Schauspiels, den wir das "*Ich*" nennen, untersuchen. Das ist ein wirklich interessanter Prozeß, der unerwartete Entdeckungen verspricht.

Aber an wen sollen wir unsere Fragen richten, um Informationen über die Welt zu bekommen? Von wem haben wir das Wissen bekommen, das wir bereits besitzen? Die Antwort lautet: "Von unseren Sinnen."

Wir haben alle möglichen materiellen und subtilen Dinge gesehen, gehört, geschmeckt, gerochen und gespürt. Wir haben diesen Dingen dann unterschiedliche Namen gegeben, wir haben ähnliche Dinge in Klassen zusammengefaßt und uns mit all dem eine Welt aufgebaut, die uns so vertraut geworden ist wie eine Wohnung, die wir uns selber eingerichtet haben.

Jetzt geht es darum, die Trägheit abzuschütteln, die uns unser gewohnheitsmäßiger Umgang mit unserer Welt beschert hat, einer Welt, die uns nicht mehr neugierig macht, weil wir sie in- und auswendig zu kennen glauben. Jetzt heißt es, die Informationen unserer Sinne in Frage zu stellen. Sind sie wahr? Fügen wir nicht eigenmächtig Dinge hinzu, für die wir unsere Sinne nicht verantwortlich machen können? Schauen wir uns das einmal genauer an.

Angenommen, Sie befänden sich in einer weiten, kahlen Wüste und entdeckten in einiger Entfernung einen grünen Fleck, der sich von dem gelben Sand abhebt. Wie groß ist dieser Fleck? Messen Sie ihn in Augenhöhe mit einem senkrechten Gegenstand, mit einem Lineal oder mit ihrem Finger. Wie weit reicht der Fleck auf dem Lineal oder ihrem Finger? Markieren Sie seine Größe. Er ist vielleicht kaum größer als die Spitze ihres kleinen Fingers, vielleicht sogar nur ein Punkt. Falls Sie es nicht schon gemacht haben, können Sie dieses banale Experiment vorerst hier abbrechen.

Was haben Sie nun *gesehen*? Einen grünen Flecken von der gemessenen Größe! Sonst nichts. Sagen Sie aber, Sie hätten in einiger Entfernung einen Baum gesehen, so wäre das nicht richtig. Ihre Augen haben Ihnen keinen Baum mit Blättern und Ästen gezeigt, unter dem Sie vor der brennenden Sonne Schutz finden können. Die Vorstellung eines Baumes und seine Repräsentation in Ihrem Geist sind das Resultat einer Geistestätigkeit, die von dem Anblick eines kleinen grünen Flecks ausgelöst wurde. Viele Elemente spielen dabei eine Rolle, allen voran Gewohnheit und Gedächtnis. Andere grüne Flecken, die Sie unter ähnlichen Umständen früher gesehen haben, stellten sich später als Bäume am Rand einer kahlen Ebene heraus. Daran erinnerten Sie sich. Allgemein weiß man auch, daß entfernte Dinge verkleinert erscheinen, und auch daran erinnerten Sie sich.

Trotzdem haben Sie aber nicht wirklich einen Baum *gesehen*, sondern ihn nur mit der Vernunft *erschlossen*. Es ist zwar *wahrscheinlich*, daß sich der grüne Fleck als Baum erweisen wird, wenn Sie näher herangehen, aber *sicher* ist das nicht. Der Fleck könnte sich auch als ein grünes Haus entpuppen, als grünes Zelt oder als irgend etwas anderes und eben nicht als Baum. Einen höheren Grad von Wahrscheinlichkeit wenn nicht gar Sicherheit kann man erreichen, wenn man außer der grünen Farbe auch noch Umrisse erkennt, die auf einen Baum schließen lassen. Aber wie oft täuscht sich unser Geist, wenn er die Wahrnehmung eines grünen Flecks interpretiert? Blendendes Sonnenlicht und Luftspiegelungen können uns vorgaukeln, wir sähen nicht nur grüne Flecken, sondern Bäume und viele andere Dinge, die in Wirklichkeit gar nicht da sind.

Was für Informationen erhalten wir nun aber, wenn wir einen grünen Fleck sehen? Wir werden uns lediglich eines Sinneseindrucks bewußt. Eine sinnliche Wahrnehmung, nichts weiter. Alles andere ist Interpretation. So ähnlich verhält es sich auch mit allen anderen Wahrnehmungen, denen wir Namen, Formen, Farben und alle möglichen Eigenschaften zuordnen. Sie sind nichts anderes als Interpretationen flüchtiger Kontakte eines Sinnesorgans mit einem Reiz.

Das führt uns zu der Vorstellung von zwei nebeneinander existierenden Welten. Die eine beruht auf reinem Kontakt und wurde nicht durch den Filter der Erinnerungen gefärbt. Die andere ist die Welt der Interpretationen, die von geistigen Eindrücken oder *samskâra(s)* erschaffen wird.

Die erste dieser beiden Welten repräsentiert die Wirklichkeit und ist unbeschreiblich. Wir können sie uns weder vorstellen, noch mit dem Verstand begreifen, ohne sie zu interpretieren. Durch solche Interpretationen zerstören wir aber ihren Realitätscharakter. Wirklichkeit kann man weder ausdrücken noch beschreiben.

Die zweite Welt ist ein geistiges Gebilde und entsteht durch den Kontakt mit einem Reiz. Es ist die Welt, in der wir leben. Wenn wir sagen, sie ist nicht *real*, bedeutet das jedoch nicht, daß sie gar nicht *existiert*.[9] Welchen Stellenwert hat nun die greifbare Welt der Phänomene in der mündlichen Tradition der geheimen Lehren? "Die greifbare Welt *ist* Bewegung", sagen die Meister. "Sie ist keine Ansammlung von sich bewegenden Gegenständen, sondern die Bewegung selber."

Es gibt keine sich bewegenden Objekte, sondern die Objekte, die wir erkennen, bestehen aus Bewegung, sind nichts anderes als Bewegung. Diese Bewegung besteht aus einer kontinuierlichen und rasend schnellen Folge von Energieblitzen (im Tibetischen *tsal* oder *choug* genannt). Alle sinnlich wahrnehmbaren Dinge, alle Phänomene, ganz gleich welcher Art sie sind oder wie sie sich ausdrücken, bestehen aus einer rasend schnellen Ab-

9 Tsongkhapa, der Begründer der *Gelupgas* [*dGe-lugs-pa*] oder "Gelbmützen" (so genannt nach der gelben Farbe ihrer Mützen) besteht ausdrücklich darauf, und damit widerspricht er den extremen Idealisten, die heutzutage von der Sekte der *rdzogs chen pa (Nyingmapa*-Schule) vertreten werden.

folge einzelner blitzartiger Ereignisse. Jedes blitzartige Ereignis beruht auf zahlreichen Ursachen und vielfältigen Bedingungen, die alle gemeinsam wirken. Nun darf man sich das aber nicht so vorstellen, als sei das Ereignis etwas anderes als diese Ursachen und Bedingungen. Sie sind vielmehr alle gemeinsam das Ereignis, ohne sie gibt es kein Ereignis. Das Wort *Ereignis* darf man hier allerdings nicht im herkömmlichen Sinne als außergewöhnlich bedeutsame Tatsache verstehen, im Sinne eines "historischen Ereignisses" beispielsweise. Ereignis bedeutet hier lediglich "etwas, das geschieht". Jedes "etwas" entsteht blitzartig, eines nach dem anderen, mit rasend schneller Geschwindigkeit, und diese vielen Energieblitze gleichen einander so sehr, daß wir sie nicht einzeln wahrnehmen können. Dann tritt in dieser Serie von Momenten plötzlich ein anderer Moment auf, der unsere Aufmerksamkeit auf sich zieht und uns glauben läßt, ein neues Ding sei erschienen.

Bei der Erklärung dieses Prozesses wird oft ein Vergleich mit Körnern benutzt, die anscheinend reglos in der Scheune liegen, bis wir eines Tages an einem Korn einen Keim entdecken, also etwas, das vom Korn verschieden ist. Das Korn lag also nicht wirklich reglos da. Was wir als lebloses Korn daliegen sahen, bestand aus einer Reihe miteinander verknüpfter Ursachen und Bedingungen, aus einer Reihe voneinander getrennter Momente, unter denen andere "Momente" auftraten, die wir als Keim wahrnahmen.

Manche Menschen sind der Meinung, der Keim sei eine Umwandlung des Korns, aber die geheimen Lehren teilen diese Auffassung offenbar nicht. Der Keim, so heißt es hier, existiert *in Abhängigkeit* vom Korn, ganz nach der klassisch buddhistischen Formel: "Existiert dies, so entsteht das". Das darf man jedoch nicht so verstehen, als sei *dies* der Vater von *jenem*, als habe *dies* durch die Übertragung einer Substanz *jenes* erzeugt.

Dies bildet lediglich eine Gelegenheit, die das Erscheinen von *jenem* ermöglicht.

Es gibt zwei Theorien, und beide sehen die Welt als Bewegung an. Nach der einen ist der Verlauf dieser Bewegung, die Phänomene erschafft, ununterbrochen wie das ruhige Fließen eines Flusses. Nach der anderen verläuft diese Bewegung nicht ununterbrochen, sondern besteht aus getrennten Energieblitzen, die in so kurzen Abständen aufeinander folgen, daß die einzelnen Zwischenräume oder Lücken so gut wie gar nicht existieren. Beide Theorien leugnen jedoch die Existenz unbewegter und homogener Materie.

Die obige Zusammenfassung der geheimen mystischen Lehren zur Natur der Welt ist zwar kurz und unvollständig, gestattet uns aber, auf die Informationen, die wir von den Sinnen erhalten, zurückzukommen und sie jetzt eingehender zu untersuchen.

Was geschieht, wenn wir uns einen Gegenstand anschauen? Zwischen dem Auge und dem Gegenstand wird ein Kontakt hergestellt. Dieser Kontakt dauert aber nur einen Bruchteil einer Sekunde. Wenn wir den Eindruck haben, wir schauten etwas lange an, dann handelt es sich in Wirklichkeit um eine ganze Serie von schnell aufeinander folgenden Kontakten. Jeder einzelne von ihnen dauert dabei nur einen ganz kurzen Moment, und keiner gleicht dem vorherigen.

Warum sind sie nicht identisch? Das hat mehrere Gründe. Der Hauptgrund, der alle anderen einschließt und bereits erklärt wurde, besteht darin, daß sich alles, was existiert, bewegt. Alle Phänomene – egal um was es sich handelt – bestehen aus einer Abfolge von Veränderungen, die so schnell aufeinanderfolgen, daß es unsere Wahrnehmungsfähigkeit und unseren Verstand bei weitem übersteigt.

Nun gut, aber das physische Sehorgan, das Auge, ist ja selber auch keineswegs bewegungslos. Es besteht vielmehr aus einer riesigen Menge von Zellen,[10] die sich ebenfalls pausenlos bewegen. Jede einzelne Zelle reagiert empfindlich auf zahlreiche äußere Einflüsse[11] und ist vielen Veränderungen unterworfen, die von der Natur ihrer eigenen Evolution abhängen. Das Auge ist also im Moment des zweiten Kontaktes nicht identisch mit dem Auge beim ersten Kontakt. Auch bei allen folgenden Kontakten verändert es sich immer wieder. Wenn wir nun meinen, wir hätten etwas "lange angeschaut", so haben uns diese Kontakte doch nur eine ganze Serie von Bildern beschert. Die rasende Geschwindigkeit, mit der diese einzelnen Bilder aufeinander folgten, hat dazu geführt, daß wir scheinbar nur ein einziges Bild sahen.

Ebenso ist der Gegenstand, den wir angeschaut haben, kein bewegungsloser, homogener Block, sondern ein ganzes "Universum", das aus einer großen Anzahl sich bewegender Teilchen besteht. Was wir oben über die einzelnen Zellen des Auges gesagt haben, trifft daher auch auf die Teilchen zu, aus denen der angeschaute Gegenstand besteht. Auch sie sind in ihrem unaufhörlichen Tanz Veränderungen unterworfen, die auf ihrer eigenen Evolution und auf äußeren Einflüssen beruhen. Auch sie bewegen sich aufeinander zu und voneinander weg und bilden dabei unterschiedliche Strukturen und Muster. Daraus folgt, daß der angeschaute Gegenstand sich in Wirklichkeit von einem Augenblick zum nächsten verändert.

Die meisten Menschen lassen sich von dieser Illusion täuschen, und so bleiben ihnen die Kräfte verborgen, die

10 Der Ausdruck "Zelle" stammt von mir. Ein Tibeter würde von *rdul phran* [*dul ten*] oder *rdul phra* [*dul ta*] sprechen, zwei Begriffe, die "Molekül" und "Atom" bedeuten, aber auch im übertragenen Sinne "Staubkorn". In jedem Fall bezeichnen diese Worte winzig kleine Teilchen, aus denen ein Körper besteht. Im Sanskrit entsprechen sie den Begriffen "*anu*" und "*paramânu*".

11 Äußere Einflüsse bedeutet hier nicht nur Einflüsse von außerhalb des Auges. Es kann sich auch um die einzelnen Zellen des Auges selber handeln, die einander beeinflussen.

hier im Sinnesorgan und im Gegenstand, mit dem es in Kontakt kommt, am Werke sind. Daraus folgt jedoch nicht, daß alle Menschen in gleichem Maße diesem Irrtum unterliegen.

Jetzt kommt die transzendente Einsicht, *lhag mthong*, mit ins Spiel. Sicher stimmt es, daß unsere Sinne sehr unzuverlässig, weil unzureichend feinfühlig sind. Vielleicht müssen wir sogar zugeben, daß sie sich als vollkommen unbrauchbar erweisen, soweit es die Wahrnehmung der letzten Grundlagen der Phänomene betrifft. Es ist aber auch durchaus berechtigt anzunehmen, daß unsere Sinne lernfähig sind und geschärft werden können. Doch in welchem Maße? Das kann man unmöglich vorhersagen, aber wir können wohl davon ausgehen, daß wir die Grenzen des Wahrnehmbaren noch lange nicht erreicht und unsere physischen und geistigen Fähigkeiten noch keineswegs voll ausgeschöpft haben.

Was wir oben über das Auge und die sichtbaren Gegenstände gesagt haben, gilt natürlich ebenso für alle anderen Sinnesorgane: Das Ohr, ebenfalls ein kleines, sich ständig bewegendes Universum wie das Auge, und sein Sinnesobjekt, der Klang; die Nase und Gerüche; die Zunge und Geschmack; das Gefühl, wenn unsere Haut mit einem Gegenstand in Berührung kommt. In jedem einzelnen Fall handelt es sich um ein Zusammentreffen zweier sich bewegender Aggregate, und wir haben es mit einem Sinneseindruck zu tun, dem eine *Interpretation* folgt, die uns zwar diesen Eindruck bewußt macht, ihn dabei aber zugleich entstellt.

Nun stellt sich folgende Frage: Welcher von diesen zahlreichen und vermischten Kontakten vermittelt uns wirkliches Wissen? Beim Wort *wirklich* müssen wir sehr vorsichtig sein, denn wir benutzen es ja für eine Vorstellung, die wir unserem eigenen Verständnis entsprechend selber entwickelt oder von anderen übernommen haben. Wie dem auch sei, kein Experiment kann uns mit der absoluten Wirklichkeit in Kontakt bringen, denn zur Wahrnehmung des Experiments und seines Ergebnisses stehen uns ja wieder nur die Sinne zur Verfügung. Die Sinne liefern uns aber, wie eben erklärt, nur eine Serie von Sinneseindrücken, die wir dann auf unsere eigene Art interpretieren. Es ist deshalb recht wahrscheinlich, daß sich unser Verständnis immer wesentlich von der Wirklichkeit unterscheidet.

Gibt es aber überhaupt eine Wirklichkeit, eine einzige Realität im absoluten Sinne? Was können wir von ihr wissen, und welche Bedeutung würde das für uns haben, die wir nicht in den Bereich des Absoluten, sondern des Relativen gehören?

Wirklichkeit ist gleichbedeutend mit Existenz. Was wirklich ist, was existiert, erzeugt eine Wirkung. Doch woher wissen wir, daß etwas eine Wirkung erzeugt? Wir wissen es, wenn wir eine Wirkung wahrnehmen, wenn wir die Wirkung spüren. Jeder nimmt dabei nur die Empfindungen wahr, die ihn der Aufbau seines gesamten Wesens spüren läßt. Ein Mensch hat andere Empfindungen und Wahrnehmungen als eine Mücke oder eine Pflanze. Ein nicht-menschliches Wesen, eine Gottheit, ein Dämon oder irgend ein anderes Wesen empfindet anders, nimmt anders wahr als wir. Das Maß, die Differenzierung und die Natur der Empfindungen und Wahrnehmungen unterscheiden sich entsprechend der Beschaffenheit des Kontaktorgans der verschiedenen Wesen. Daraus folgt, daß etwas für ein Wesen wirklich existieren und Wirkungen erzeugen kann, für ein anderes aber keine Wirkung hat, nicht wirklich ist und daher nicht existiert. Jede Sphäre, jede Welt, jede Gattung von Lebewesen hat seine ganz eigene Realität, die sich jeweils nur in einem bestimmten Bereich und auf eine bestimmte Gattung von Lebewesen auswirkt. Wir müssen uns daher vor Vorstellungen und Beurteilungen hüten, die auf der Mentalität und den Sinnen der Menschen beruhen. Wir sollten das, was in der Unendlichkeit des Raumes existiert, nicht nach menschlichen Sinnen und Maßstäben beurteilen.

Wir können das, was oben über die fehlende Kontinuität der Bewegung, die diese Welt *ausmacht*, gesagt wurde, zu Recht auf die geheimen Instruktionen der Meister anwenden. Ihr Lehrgebäude ist nicht, wie wir es uns vielleicht erhofften, logisch und methodisch aufgebaut. Die behandelten Themen sind miteinander verwoben, wiederholen sich und werden von verschiedenen Standpunkten aus betrachtet. Selten werden einem bestimmten Schüler "Lektionen" erteilt, die aufeinander aufbauen. Die Lehren bestehen vielmehr aus einzelnen Gesprächen, die oft von langen Zeitabschnitten unterbrochen werden. In meinen Ausführungen fasse ich die verschiedensten Lehrgespräche zusammen, die ich gehört habe, und jeder Leser muß für sich all das zusammenfügen, was für ihn von besonderem Interesse ist.

Wie ich am Anfang dieses Buches gesagt habe, soll die Methode der geheimen Lehren dem Suchenden Themen liefern, über die er weiter nachsinnen kann, und es liegt an ihm, das Beste daraus zu machen. Für manche sind diese Theorien wie Schlüssel für Türen, die ihnen Zugang zu bislang verschlossenen Bereichen öffnen. Andere spielen nur mit dem Schlüssel, ohne ihn ins Schlüsselloch zu stecken, oder sie vermuten nicht einmal, daß es eine solche Tür überhaupt gibt. Dieser Vergleich entspricht der Auffassung der Meister, die diese Lehren mündlich weitergeben.

Auf der Grundlage der bisherigen Erklärungen möchte ich nun auf das Thema der Kontakte zurückkommen, einige Details hinzufügen und bestimmte Punkte hervorheben. Wir sprachen davon, daß die Verbindung eines Sinnesorgans mit seinem Objekt aus einer Serie von flüchtigen Kontakten besteht und daß dabei beide, das Sinnesorgan und das Objekt, Veränderungen unterworfen sind, weil beide aus sich bewegenden Teilchen bestehen. Nun haben die einzelnen Kontakte aber eine unterschiedliche Intensität. Nur einige von ihnen erzeugen eine Art Echo in unserem Geist, das sich zu einem Gedanken umformt, der uns in den Sinn kommt: "Ich habe ein Pferd, einen Baum, einen Menschen gesehen", "ich habe einen Gong gehört", "ich habe eine Aprikose gegessen", "ich habe verbrannten Mist[12] gerochen", "ich habe Seide berührt", "ich habe mich an einem Dorn gestochen" und so weiter. Wir sehen, hören und schmecken aber auch vieles, ohne uns dessen überhaupt bewußt zu sein, und je niedriger ein Lebewesen in seiner physischen und psychischen Entwicklung steht, um so geringer ist die Anzahl seiner bewußten Wahrnehmungen.

Es kommt häufig vor, daß wir Tag für Tag dieselbe Landschaft sehen, aber erst nach langer Zeit in diesem vertrauten Bild plötzlich etwas entdecken, das uns noch nie aufgefallen war: die Spitze eines *Chörten*,[13] die hinter einem Bergrücken hervorragt, oder der Eingang einer Höhle in einer Felswand. Diese Dinge waren immer schon da, unser Blick ruhte oft auf ihnen, unser Sehorgan hat auch einen Eindruck von ihnen empfangen, doch war dieser nicht stark genug, um diese Dinge *bewußt zu sehen.* Erst als sich andere Umstände einstellten, wurde der Eindruck so stark, daß wir *sehen* konnten.

Außerdem gibt es noch eine Art Konkurrenz unter den Sinnesorganen. Das führt dazu, daß eines zeitweise die anderen beherrscht und deren Wahrnehmungen überlagert. Wenn jemand beispielsweise gebannt auf das Geräusch galoppierender Pferde hört, voller Angst, es

12 Es ist bekannt, daß in weiten Teilen Tibets getrockneter Mist von Tieren als Brennstoff verwendet wird.

13 Ein religiöses Monument, das man in Tibet häufig findet.

könnte sich um Banditen handeln, dann wird er wohl kaum den Stich eines Insekts oder einen kalten Windhauch spüren.

Bedeutet das aber nun, daß alle Kontakte, die unseren Geist nicht genügend anregen, um uns einen Sinneseindruck bewußt zu machen, gar nichts bewirken?

Nein. Ganz im Gegenteil, denn alles, was geschieht, hat eine Wirkung. Und das bringt uns zu der Frage, welche Wirkungen das sein könnten. Was wird aus all den Kontakten, die uns nicht bewußt werden?

Hier müssen wir den Kontakten unserer fünf Sinne noch solche hinzufügen, die auf der Aktivität unseres Geistes beruhen, den die Buddhisten als sechstes Sinnesorgan ansehen. In diese Kategorie fallen Meinungen, Theorien, Lehren und alle Vorstellungen, die wir in unserer Erziehung bildeten, Gespräche, die wir geführt oder überhört haben, alles, was wir gelesen haben, und so weiter. Für diese Kontakte unseres sechsten Sinnes – des Geistes – gilt dasselbe wie für die anderen Sinnesorgane: Sehr viele entgehen uns, weil unser Geist nur ganz leicht berührt und kein echter Eindruck hinterlassen wurde. Vielleicht waren die Eindrücke auch nur so schwach, daß wir sie wieder vergessen haben. Sie sind aber deshalb keineswegs tot, denn sie haben subtile Nachkommen erzeugt, ihre Wirkungen nämlich, deren Existenz sich auch nach langer Zeit noch manifestieren kann. Wir sollten uns das aber nicht so vorstellen, als blieben die von den unbewußten physischen und psychischen Kontakten erweckten Kräfte in einer Art substanzlosem Gefäß in latentem Zustand gespeichert und warteten dort auf günstige Umstände, um sich manifestieren zu können. Manche Menschen sind dieser Auffassung und sprechen deshalb von einem “Gefäß für Bewußtsein”, das dadurch zu einer Art individueller oder kosmischer Gottheit wird. In den geheimen Lehren wird diese Auffassung abgelehnt.

Die Kräfte, die von den uns bewußten und nicht bewußten Kontakten verursacht werden, erzeugen zahlreiche Aktivitätsblitze, die auf unterschiedlichen Daseinsebenen zum Ausdruck kommen und zugleich vielfältige Aktionen und Reaktionen unter diesen verschiedenen Kräften selber auslösen. Das Zusammenspiel der Kontakte und ihrer Wirkungen betrifft jedoch nicht nur uns selber. Eine solche Vorstellung wäre falsch. Vielmehr kommt es überall im Universum ununterbrochen zu zahllosen Kontakten aller Art, und ihre ebenso zahlreichen wie verschiedenartigen Wirkungen bilden einen weiteren Energieaustausch, der alle Lebewesen auf allen Daseinsebenen beeinflußt. Um den hier näher untersuchten Theorien gerechter zu werden, sollten wir besser sagen:

"In Wirklichkeit kommt es im Universum zu gar keinen Kontakten. Das Universum *ist* Bewegung, und diese Bewegung *besteht* aus *Kontakten*. Die Kontakte und ihre Wirkungen *sind* das Universum."

Dasselbe gilt, wenn auch in begrenztem Maße, für unsere Individualität. Sie *ist* diese Bewegung der Kontakte und ihrer Wirkungen, und das nennen wir unser "*Ich*".

Kommen wir jetzt noch einmal auf die Tatsachen zurück, die diesem "*Ich*" zugänglich sind. Wir sehen, daß sie wie das Wasser einer Fata Morgana oder ein Luftschloß auftauchen und sofort wieder verschwinden. Hier erzeugt ein Kontakt eine Vorstellung und insofern beruht die Geburt dieser Vorstellung also ganz sicher auf einem Kontakt. Es bleibt jedoch trotzdem ungewiß, ob dieser Kontakt die einzige Ursache für die ihm jeweils folgende bestimmte Vorstellung ist.

Wir können solch einen Kontakt mit einem Aufprall vergleichen. In der winzig kleinen Zeitspanne zwischen diesem Aufprall und dem Auftauchen einer Vorstellung, die das Kontaktobjekt mit einem Namen versieht, ereignet sich ein Phänomen. Dieses Phänomen liegt zwischen dem reinen Kontakt und unserem Bewußtsein von diesem Kontakt und kann mit einer Leinwand verglichen werden, auf die Bilder gemalt sind.

Was ist das nun für eine Leinwand? Die Tibeter nennen sie *bag chagst* (Sanskrit *vâsanâ*), was "Eindruck", "Neigung" und "Gewohnheit" oder noch genauer "Erinnerung"[14] bedeutet. Westliche Psychologen haben darauf hingewiesen, daß die Erziehung einen Einfluß darauf hat, wie uns Wahrnehmungen bewußt werden. In einem Artikel über die individuelle Wahrnehmung von Farben äußert Dr. Charles Hill[15] Zweifel an der Aussage eines Kindes, das erklärt, Rasen sei grün. Hat das Kind wirklich den Eindruck, die Farbe Grün zu sehen, wenn es einen Rasen sieht, oder wiederholt es einfach aufgrund einer Suggestion "der Rasen ist grün"? Ihm wurde gesagt, "Rasen ist grün", und deshalb sieht es ihn auch grün.

Auf diesem bisher noch eingeschränkten Forschungsgebiet werden in erster Linie Gewohnheiten untersucht, aufgrund derer wir die Vorstellung bestimmter Formen, Farben, Klänge und Geschmäcker mit ganz bestimmten Reizen verknüpfen. Dabei handelt es sich jedoch keineswegs um eine individuelle oder persönliche Gewohnheit, sondern um eine, die in solchen Lebewesen tief verwurzelt ist, deren Kontaktorgane den unseren ähneln und die deswegen von denselben Reizen auf dieselbe Weise beeinflußt werden. Wir können unmöglich wissen, wie ganz anders beschaffene Lebewesen reagieren würden. Wir können aber mit Recht annehmen, daß, wie wir gerade erklärt haben, verschiedene Lebewesen in ein und derselben Welt unterschiedliche Welten wahrnehmen und daß dies von der Natur ihrer jeweiligen Wahrnehmungsorgane abhängt.

14 *Vâsanâ* bdedeutet auch "Kraft", "Lebensimpuls".

15 In einem Artikel in *Continental Daily Mail* vom August 1950.

Den Mechanismus dieses Phänomens kann man folgendermaßen zusammenfassen: Wir wissen, daß ein Kontakt zwischen einem Sinnesorgan und einem Sinnesobjekt aus einer Reihe von schnell aufeinanderfolgenden Kontakten besteht, von denen einige eine Art "Schock" erzeugen, der eine Empfindung auslöst. Diese Empfindung ist dem einzelnen und seinen Artgenossen bereits bekannt, und die Reaktion auf entsprechende Situationen ist mit einer Leinwand vergleichbar, auf der die gewohnheitsmäßigen Reaktionen abgebildet sind: Ein Pferd, eine Aprikose, ein Gong, ein Dorn oder irgend etwas anderes.

Bedeutet das nun, daß unsere Sinne in der *absoluten Wirklichkeit* mit einem echten Pferd, einer echten Aprikose und so weiter in Kontakt gekommen sind? Das läßt sich nicht beweisen, denn jeder Beweis beruht wieder auf Zeugnissen der Sinne, auf Zeugnissen also, die nur früher gespeicherte Ungenauigkeiten wiederholen. Wir können immer nur von der Existenz eines Reizes ausgehen, der in uns eine Empfindung erzeugt hat, die wir spürten, die wir auf eine uns eigentümliche Art interpretierten und der wir Bilder unserer eigenen Vorstellung hinzufügten.

Sollten wir deshalb nun annehmen, daß es sich um eine reine Täuschung handelte? Nicht ganz. Wahrscheinlich entspricht der Reiz irgend etwas, irgendeinem Objekt,[16] mit dem unsere Sinne in Kontakt gekommen sind, doch bleibt uns das unbekannt. Im Traum sehen wir ja auch Bilder von Pferden, Aprikosen und so weiter, die allein auf unserer Erinnerung beruhen, ohne daß ein entsprechendes materielles Objekt gegenwärtig ist.

Wie aber bleiben derartige Erinnerungen erhalten?

16 Das Wort "Objekt" sollten wir hier nicht im materiellen Sinne verstehen wie beispielsweise ein Stein, Baum oder Tier. Es handelt sich in diesem Zusammenhang vielmehr um eine Kraft, um einen besonderen "Energieblitz", der auf unsere Sinne getroffen ist.

Dazu gibt es verschiedene Theorien, auf die wir in den folgenden Kapiteln eingehen werden.

Wenn ein Jäger einen Schuß abgibt, so sieht man zuerst das Gewehrfeuer, und erst danach hört man den Schuß. Den Tibetern ist diese Beobachtung zwar nicht entgangen, doch hat sie sie anscheinend nicht dazu veranlaßt, dies eingehender zu erforschen und mehr oder weniger kohärente Theorien über die unterschiedlichen Geschwindigkeiten von Licht und Schall aufzustellen. Dennoch bezweifeln die mystischen Lehren eindeutig die Vorstellung, daß die Bilder der Welt, die wir sehen, tatsächlich dem entsprechen, was in dem Moment geschieht. Vielmehr geht man davon aus, daß die Bilder, die wir sehen, Bilder von etwas sind, das *gewesen* ist und *nicht mehr* existiert. Mit anderen Worten, wie sehen Phantombilder von toten Dingen.

In diesem Zusammenhang mag es interessant sein, die Entdeckungen der modernen Naturwissenschaften mit den Vermutungen der mystischen Lehren zu vergleichen. Unter dem Titel "Was würden wir auf der Erde sehen, wenn wir uns auf einem Stern befänden" schrieb Alexandre Ananoff, Preisträger der *Société Astronomique Française*:

"Aufgrund der ungeheuren Entfernung zwischen uns und den Sternen und der langen Zeit, die das Licht eines Sterns benötigt, um zu uns zu kommen, ist das Bild, das wir von einem Stern sehen, das Bild des Sternes, das vor Tausenden von Jahren von dem Punkt ausging, an dem sich der Stern damals befand. Und jetzt trifft dieses Bild auf unsere Netzhaut.

Daraus können wir schließen, daß wir in den meisten Fällen lediglich das Phantombild eines Sternes sehen. Möglicherweise sehen wir sogar einen Stern, der schon gar nicht mehr existiert. Dann denken wir vielleicht, daß das Studium der Astronomie das Studium der Geschichte einer längst verschwunden Vergangenheit ist.

Befänden wir uns auf einem Stern und könnten von dort aus das Leben auf der Erde erkennen, dann sähen wir nicht die moderne Zivilisation, sondern zum Beispiel die Ereignisse Ägyptens zur Zeit der Pharaonen."

Um zu beweisen, daß das Bild eines Objekts bei der Wahrnehmung nicht genau identisch ist mit dem im Augenblick des visuellen oder andersartigen Kontaktes, bedienen sich die mystischen Lehren der Theorien, die den materiellen Gegenständen Stabilität und Festigkeit absprechen. Diese Theorien haben wir auf den vorangehenden Seiten kurz erläutert.

Auch wenn die Zeitspanne zwischen dem Wahrnehmen des Bildes eines Gegenstandes und dem Moment, in dem das Bild diesen Gegenstand verließ, unendlich kurz ist, so bleibt das Prinzip doch dasselbe wie bei dem Bild eines Tausende von Lichtjahren entfernten Sterns. In beiden Fällen kommen wir zu dem Schluß: Wir sehen Bilder der Vergangenheit.

Der Schüler wird auch aufgefordert, über folgendes Problem nachzudenken: Sollten wir uns Ereignisse als eine Serie von Bildern vorstellen, die an einem bewegungslosen Betrachter vorbeiziehen, oder sollten wir uns das eher so vorstellen, daß der Betrachter wie in einer Ausstellung von Bild zu Bild geht und die dargestellten Szenen eine nach der anderen betrachtet? Dieselbe Frage stellten sich die Chinesen der Meditationssekte,[17] und sie beantworteten sie mit folgender Erklärung, für die diese Sekte bekannt ist:

"Ich stehe voller Staunen auf einer Brücke. Nicht der Fluß fließt, sondern die Brücke zieht über die Strömung hinweg."

Diese Brücke, die über einen bewegungslosen Strom zieht, ist mit dem Besucher der Ausstellung vergleichbar, der an einer Serie von Bildern vorbeigeht. Diese

17 *Ts'an* in China und *Zen* in Japan. Im Sanskrit *Dhyâna*.

Bilder sind die Ereignisse, oder noch zutreffender: Der Geist befindet sich in ständiger Bewegung und stellt sich den Fluß vor (den Strom der Ereignisse), der unter der Brücke dahinfließt. Und er stellt sich sogar die Brücke selber vor.

Gibt es diese Ereignisse schon vorher? Wurden sie am Weg des Reisenden wie reglose Meilensteine aufgestellt, die unsere Straßen markieren? In diesem Fall bräuchte ein Reisender nur schnell genug zu gehen und könnte die Szenen erkennen, die die Menschen, die langsamer gehen oder ganz stehengeblieben sind, noch nicht sehen können. Mit anderen Worten, er könnte dann die Zukunft der Menschen sehen, die sich hinter ihm auf dem Weg befinden.

Ich habe auch gehört, wie man diesen Reisenden mit einem Reiter verglichen hat. Je schneller sein Pferd ihn trägt, um so eher wird er jenen Fluß sehen, einen Berg und die Menschen, die in dieser Gegend wohnen. Zu Fuß würde ein Reisender das erst am nächsten oder übernächsten Tag sehen können.

Wäre es andererseits aber möglich, rückwärts zu gehen, seine Schritte zurückzuverfolgen und die Szenen der Vergangenheit zu betrachten? Dazu enthalten die mystischen Lehren verschiedene abstruse Erklärungen wie die sich bewegende Brücke und andere. Doch wie die Lehrer des *Zen* warnen auch die Meister der mystischen Lehren ihre Schüler davor, diese Erklärungen als Dogmen zu verstehen. Sie zielen vielmehr darauf hin, den Geist zu schockieren und unsere gewohnten Vorstellungen ins Wanken zu bringen. Das zwingt uns, einen Aspekt der Dinge zu sehen, der uns vorher nie in den Sinn gekommen ist, und die Möglichkeit des genauen Gegenteils von dem zu erwägen, was wir bisher als unumstößliche Tatsache angenommen hatten. Mit den originellen Worten eines *Zen*-Meisters: "Wir müssen den Polarstern in der südlichen Hemisphäre sehen".

Die Auffassung der geheimen Lehren zu der Frage, ob man zukünftige Ereignisse vorhersehen kann, wird später[18] eingehender behandelt, doch wollen wir hier schon eines vorwegnehmen. Auf der Grundlage der Theorien, daß alle Phänomene unbeständig sind, nur einen kurzen Augenblick bestehen und eine Vielzahl von Ursachen besitzen, erklären diese Lehren, daß man die Zukunft nicht vorhersehen könne. Man kann zwar sagen, was *wahrscheinlich* geschehen wird, man kann aber niemals etwas *mit Sicherheit* vorhersagen. Das Beispiel dafür ist immer das Samenkorn, das wahrscheinlich keimen wird. Aber mit Sicherheit kann das niemand sagen, denn es kann auch austrocknen oder aus irgend einem anderen Grund keinen Keim erzeugen.

Zukunft und Vergangenheit sind relative Vorstellungen, die sich auf ein Individuum beziehen, das man sich bewegungslos vorstellt. Zeit und Raum existieren also nur in Bezug auf dieses Individuum, das sich an einem festen Ort und in einem bestimmten Augenblick befindet. Wenn ich "*entfernt*" sage, so meine ich damit eigentlich "*entfernt von mir*" oder von einem bestimmten Objekt, das ich gewählt habe und das ich mir ebenso unbeweglich an einem bestimmten Ort vorstelle wie ein anderes Objekt oder mich selber.

Dasselbe gilt, wenn ich sage "*vor langer Zeit*". Diese Einschätzung der Zeit beruht auf der Tatsache, daß ich existiere oder daß ein bestimmtes Objekt, das ich gewählt habe, zu einem bestimmten Zeitpunkt existierte.

Was bedeutet "*vor tausend Jahren*" oder "*gestern*"? Was heißt "*nahe bei*" oder "*in unermeßlicher Ferne*"? Für sich allein haben diese Begriffe keinen Sinn. "*Nah*" oder "*fern*" kann immer nur "*nah*" oder "*fern*" von etwas anderem bedeuten. "*Tausend Jahre*" oder "*gestern*" sind nur sinnvoll in Bezug auf irgend etwas.

18 Im vierten Kapitel.

Gibt es überhaupt einen Grund, derartige Themen zu diskutieren? Die Meister der geheimen Lehren sagen: "Nein!" Solche und ähnliche Diskussionen mögen als geistige Gymnastik dazu dienen, den Geist geschmeidig zu halten, aber sonst sind sie nutzlos, denn die Objekte, an denen sich unser Scharfsinn übt, existieren ja in Wirklichkeit gar nicht.

Zunächst einmal muß man verstehen, daß alle Theorien und Lehrsätze von unserem Geist erzeugt werden. Er kann sogar vollkommen widersprüchliche Meinungen produzieren, von denen keine wahrer als die anderen ist, denn sie alle beruhen auf falschen oder bestenfalls relativen Wahrnehmungen, die nur auf einen Beobachter zutreffen, der uns gleicht und sich am selben Ort wie wir befindet. Absolut wahr sind sie jedoch nicht.

Der berühmte Philosoph Nâgârjuna[19] war ein Meister darin, geistige Gewohnheiten zu erschüttern und zu beweisen, daß das Gegenteil von dem, was man für wahr hält, auch wahr sein kann, und daß häufig beides absurd ist. Auf diese Art zeigte er deutlich, wie nichtig unsere Meinungen sind, die wir übernommen haben und aufrechterhalten, ohne jemals die Beweise zu überprüfen, auf denen sie basieren.

19 Der Gründer der philosophischen *Mâdhyamaka*-Schule, ungefähr zweites Jahrhundert v. u.Z.

DRITTES KAPITEL

Voneinander abhängige Ursachen

Die buddhistischen Schriften erklären, daß die erste Lehrrede des Buddha hauptsächlich die Theorie über die "*Ursprünge gegenseitiger Abhängigkeit*" (*pratîtya-samutpâda*)[20] erklärte, die auch als "Lehre der zwölfgliedrigen Kausalitätskette" oder "Lehre von den zwölf Ursachen des Daseins"[21] bekannt ist. Alle philosophischen Schulen des Buddhismus, die realistischen wie die idealistischen, haben diese Theorie akzeptiert. So nennt beispielsweise der Philosoph Kamalashîla[22] den *pratîtya-samutpâda* den "Juwel der buddhistischen Lehre". Die Kette der zwölf "voneinander abhängigen Ursachen" ist in folgender Tabelle dargestellt.

20 Tibetisch: *rtén hbrél yang lag bcu gnyis*, Aussprache: *ten del log tchu gni*. Ein schönes Beispiel für den Unterschied von geschriebenem und gesprochenem Tibetisch.

21 Die zwölf *nidâna*(s).

22 Kamalashîla war ein berühmter Philosoph des achten Jahrhunderts. Er gehörte zum Kloster Vikramashîla im Lande Magadha (Zentralindien). Während der Herrschaft des Königs Ti tsong detsen (Khri srong Idéhu bstan) ging er nach Tibet und führte dort ein öffentliches Streitgespräch gegen einen chinesischen Mönch, einen Meister der Lehre von der Nicht-Aktivität. Kamalashîla besiegte seinen Gegner, der daraufhin aus Tibet verbannt wurde. Als ich die Aufzeichnungen dieser Debatte in den tibetischen Texten las, schienen mir die Argumente des Chinesen überzeugender als die von Kamalashîla. Doch jedesmal, wenn ich das den Doktoren der Philosophie der Universität Lhasa gegenüber äußerte, wurden sie wütend . . ., was meine Meinung jedoch nicht änderte.

	Sanskrit	Tibetisch	
		Aussprache	Orthographie
Unwissenheit	*avidyâ*	marigpa	*ma rig pa*
Geistiger Eindruck	*samskâra*	dü tsche	*hdu byéd*
Bewußtsein; Wissen	*vijñâna*	namparsches pa	*rnampar shéspa*
Name und Form (Körperlichkeit und Geistigkeit)	*nâma-rûpa*	ming tang zug	*mingdanggzugs*
Sechssinnengebiet (Sinne und ihre Objekte; Geist als 6. Sinn)	*shadâyatana*	kye tsched tug	*skyémtchédtrug*
Berührung	*sparsha*	reg pa	*régpa*
Empfindung	*vedana*	tsorwa	*tshorba*
Wunsch; Durst	*trishna*	sedpa	*srédpa*
Ergreifen	*upadâna*	lenpa	*lénpa*
Existenz; Werden	*bhava*	sidpa	*srid pa*
Geburt	*jâti*	kjewa	*skyé ba*
Alter und Tod	*jarâ – marana*	ga-schi	*rga – shi*

Die in dieser Tabelle verwendeten Begriffe lassen sich leicht auf die individuellen Lebensumstände übertragen, und dies entspricht der gewöhnlichen Interpretation der *Hînayâna*-Buddhisten (die *Theravâdins* der südlichen Schule). Ihnen zufolge betreffen diese zwölf Ursachen alle Individuen, vor allem die Menschen, aber auch die Tiere.

Ich erinnere mich noch gut, wie ich bei buddhistischen Mönchen aus Ceylon und Burma Erstaunen und entschiedenen Widerspruch hervorgerufen habe, als ich darauf hinwies, daß man die "Kette der voneinander abhängigen Ursachen" nicht nur auf Menschen, sondern –

zumindest in groben Zügen – auch auf die Evolution einer Pflanze anwenden könne. Auch wenn es die Gebildeteren leugnen, so haben doch zumindest einige von denen, die sich Buddhisten nennen (die *Mahâyâna*-Buddhisten im Norden und die *Theravâdins* im Süden), in Wirklichkeit an der hinduistischen Vorstellung eines *jîva*[23] festgehalten. Das heißt, sie glauben an ein *Ego* oder *Ich*, an ein "Wesen" also, das immer wiedergeboren wird und seinen materiellen Körper zum Zeitpunkt des Todes aufgibt, "so wie man ein abgetragenes Gewand fortwirft und sich ein neues anzieht."[24]

Die Lehre des Buddha lehnt diesen Glauben jedoch immer wieder ganz eindeutig ab. Die Negation des *Ich* bildet geradezu den Grundstein dieser Lehre, und darin unterscheidet sie sich deutlich von den orthodoxen Lehren der Hindus. Das buddhistische Glaubensbekenntnis besteht eigentlich nur aus zwei kurzen und präzisen Aussagen:

"Alles Zusammengefügte ist vergänglich."

"Alle Dinge sind ohne ein Selbst." (*âtman*)

Das bedeutet: Wenn wir uns alle Bestandteile dessen wegdenken, was wir einen Menschen nennen (oder ein Pferd, einen Baum, einen Berg, einen Stern und so weiter), wenn wir von sämtlichen Eigenschaften einmal absehen, die sie uns wahrnehmbar machen, dann cntdekken wir nichts, was von diesen elementaren Bestandteilen, von diesen Eigenschaften verschieden wäre. Wir finden sozusagen nicht den Menschen, das Pferd oder den Berg *selber*. Die Begriffe Mensch, Pferd und Berg beziehen sich lediglich auf eine Ansammlung von Elementen.

23 Dies entspricht der westlichen Vorstellung von der Seele. Der *jîvâtman* ist das Prinzip, das einem Körper Leben verleiht und nach Auffassung der Hindus immer wiedergeboren wird. Nach dem *Vedânta* entspricht der *jîvâtman* dem *paramâtman* in individualisierter Gestalt.

24 *Bhagavadgîtâ* II.22.

Das klassische Beispiel in den buddhistischen Texten ist ein Wagen, der aus Rädern, Speichen, Achsen und so weiter zusammengesetzt ist. Ein anderes Beispiel ist ein Haus, das aus Holzbalken, Dachsparren, einem Dach und so weiter besteht. Aber wo ist der eigentliche *Wagen*, wo ist das eigentliche *Haus*? Dasselbe gilt für einen Menschen. Was bleibt von ihm übrig, wenn man von seiner physischen Gestalt, seinen Empfindungen und Wahrnehmungen, seinen geistigen Aktivitäten und seinem Bewußtsein einmal absieht? Wo existiert der eigentliche Mensch, wenn man seinen Körper und Geist wegläßt?

Die Doktrin von der Negation des *Ich* hat eine fundamentale Bedeutung in den mystischen Lehren. "Wer noch am Glauben an ein *Ich* festhält", heißt es dort, "versteht die Bedeutung der Lehren nicht." Solche Menschen sind keine Buddhisten und können weder Befreiung noch Erlösung erlangen. Denn wenn man nicht versteht, das heißt, keine transzendente Einsicht darin besitzt, daß es kein *Ich* gibt, kann man auch nicht die Mittel erkennen, mit Hilfe derer man über Sein und Nichtsein hinausgehen kann. Kein überzeugter Buddhist leugnet diesen Glauben, und alle bekennen sich in der einen oder anderen Sprache[25] zu ihm, in den meisten Fällen jedoch "ohne die Bedeutung dieser Lehre wirklich verstanden zu haben".

Das *Ich*, dessen Existenz in den buddhistischen Schriften geleugnet wird, haben manche durch einen Strom von Elementen ersetzt, der ganz ähnlich den

25 Ursprünglich lautete dieses Glaubensbekenntnis in Pâli: *sabbe sankhara anicca; sabbe samkhara dukkha; sabbe dhamma anatta.* Alles Zusammengefügte ist vergänglich; alles Zusammengefügte leidet; alles ist ohne ein *Ego* (ein eigenes Selbst oder Ich). Die Tibeter unterteilen die letzte Aussage noch: "Es gibt kein *Ego* in einem Individuum; es gibt kein *Ego* in irgend etwas."
Alle Dinge, die aus Elementen zusammengefügt sind, stammen von anderswo, sind Produkte und haben deshalb keine eigene, unabhängige Natur, in der nichts anderes gegenwärtig wäre.

Quanten der westlichen Naturwissenschaft in Gruppen oder gebündelt in Erscheinung tritt. Dieser Strom wird *sanâtana*[26] genannt und übernimmt in gewisser Weise die Rolle des individuellen Daseins. Nyânatiloka[27] (vom *Theravâda*-Buddhismus) hat mir gegenüber einmal geäußert, daß das *nirvâna* in der Verebbung dieses Stroms von Aktivitäten bestünde, wenn er nicht mehr durch die Tätigkeiten des einzelnen Menschen gespeist wird. Dieser Ansicht nach ist das, was wir mit Individuum bezeichnen, ein bestimmter Fluß, ein besonderer *sanâtana.* Natürlich leugnete der gelehrte *Bhikkhu* die Existenz eines *jîva* oder *Ich* unabhängig von diesem *sanâtana.* Die Phänomene, aus denen dieser Fluß besteht, sind unzusammenhängende Ereignisse, die wie Ameisen aufeinander folgen, ohne miteinander verbunden zu sein. Meiner Ansicht nach beruht dieser Strom, der isoliert dahinfließt und dabei unter all den anderen Strömen seine Identität bewahrt, auf einer unhaltbaren Theorie. Die tibetischen Meister der mystischen Lehre stimmen dieser Theorie ebenfalls nicht zu.

Meister, die die Kette der Ursachen in Beziehung zum individuellen Leben eines Menschen interpretieren, geben Erklärungen, von denen hier zwei darstellt sind:

26 *Sanâtana* ist ein Sanskrit-Wort und bedeutet "kontinuierliches Fließen", "Linie", "Abfolge". Die Theorie der *sanâtana*(s) habe ich in meinem Buch *Vom Leiden zur Erlösung* erklärt.

27 Nyânatiloka war der religiöse Name eines gelehrten deutschen Orientalisten, der über vierzig Jahre lang als buddhistischer Mönch auf Ceylon lebte. Zu seinen Veröffentlichungen zählen zahlreiche Bücher, Übersetzungen der Pali-Schriften, des Kanons des südlichen Buddhismus und anderer Originalschriften. Er starb im Mai 1947.

I. – *VERGANGENES LEBEN*	I. – *VERGANGENES LEBEN*
Unwissenheit *samskâra* (Geistestätigkeit)	Illusion *samskâra* = Karma
II. – *GEGENWÄRTIGES LEBEN*	II. – *GEGENWÄRTIGES LEBEN*
Wissen	– erster Augenblick eines neuen Lebens, Empfängnis
Körperlichkeit – Geistigkeit	– Fünf Bestandteile der Existenz
Sinnesorgane und Geist (Sechster Sinn)	– Im Embryo vor der Entwicklung der Sinnesorgane
Eindrücke von den Sinnen	– Entwicklung der Organe
Empfindung	– Sinnesorgane und Bewußtsein beginnen ihre Zusammenarbeit
Wunsch, Verlangen	– Eindeutige Empfindungen
Ergreifen – Bindung	– Erwachen des Sexualtriebs; neues *Karma* beginnt
Handlungen	– Unterschiedliche Beschäftigungen im Leben, d.h., verschiedene Arten bewußten Handelns
III. – *ZUKÜNFTIGES LEBEN* Geburt Alter – Tod	III. – *ZUKÜNFTIGES LEBEN* Wiedergeburt Neues Leben – Alter – Tod

In den Werken des *Mahâyâna*-Buddhismus finden wir dagegen Interpretationen des *pratîtya-samutpâda*, die ihm eine kosmische Bedeutung verleihen. Das wirft allerdings sofort die Frage auf, warum die in den *sûtras* erwähnten zwölf Glieder der Kette unabhängiger Ursachen anders verstanden werden als in den philosophischen Kommentaren? Schon Vasubandhu[28] hat auf diese Frage eine Antwort gegeben:

"In den *sûtras* wird die Kette unabhängiger Ursachen für die Masse der Zuhörer ihrem Niveau entsprechend allgemeinverständlich, das heißt, auf das individuelle Leben bezogen dargestellt. Die philosophischen Kommentare dagegen zielen auf die tiefere Bedeutung der *sûtras*."

Vasubandhu unterscheidet also eindeutig zwischen einer rein exoterischen Erklärung und einer, die tiefgründiger auf das Thema eingeht.

Die Tibeter sind an eine solche Klassifizierung äußerer und innerer Lehrsätze (*tchi* und *nang*) gewöhnt und fügen noch den *sangs wai damnags* hinzu, den sie als Kernstück der *geheimen* Lehren betrachten. *Geheim sind sie in dem Sinne, daß sie nur von einem besonders scharfsinnigen Geist verstanden werden können.*

Die Meister, die diese mystischen Lehren verkünden, raten ihren Schülern auch immer wieder, sich mit der "inneren" Interpretation (*nang*) der Kette voneinander abhängiger Ursachen vertraut zu machen. Die tiefe Bedeutsamkeit kommt in ganz bestimmten Formulierungen zum Ausdruck, wie beispielsweise: "*Dies existiert, jenes geschieht*" oder "*Es gibt kein wirkliches Entstehen, nur gegenseitige Abhängigkeit*". Diese Aussagen werden dann zum Beispiel so erklärt:

"Nichts wird aus sich selbst heraus erschaffen. (Nichts ist seine eigene Ursache.) Nichts wird von etwas anderem erzeugt. Nichts existiert ohne Ursache. Nichts wird zufällig erzeugt. Was erzeugt wird, existiert in Abhängigkeit von Ursachen."

28 Sein tibetischer Name lautete *dbhyig gnyen* [*Ignen*]. Er lebte im fünften Jahrhundert.

Die Theorie voneinander abhängiger Ursachen ist eng verknüpft mit der Theorie der Unmittelbarkeit und Unbeständigkeit aller Phänomene, die, wie oben erwähnt, aus unzusammenhängenden Energieblitzen bestehen. Der Begriff "*voneinander abhängig*" deutet ebenfalls darauf hin, daß es sich dabei nicht um eine direkte Linie handelt. Hier muß man allerdings aufpassen, daß man das, was existiert, nicht als etwas mißversteht, das etwas anderes erzeugt. Denn dazu hat es sozusagen gar keine Zeit. Die Energieblitze dauern ja nicht lange genug, um einen wirklichen Schöpfungsakt zu ermöglichen. Außerdem wird nichts von nur einer Ursache erzeugt, sondern es wirken immer mehrere Ursachen zusammen, um ein bestimmtes Resultat zu erzielen. Ein Same wird ohne die Mithilfe von Erde, Feuchtigkeit, Licht und so weiter nie zu einem Baum. Die Theorie voneinander abhängiger Ursachen will also die Tatsache erklären, daß die zeitlich begrenzte Existenz gewisser Phänomene notwendig ist, um ein neues Phänomen zu erzeugen. Keiner der Energieblitze, aus denen die Welt besteht, kann unabhängig von anderen, ebenso kurzlebigen Energieblitzen existieren, die unter günstigen Voraussetzungen deren Ursachen bilden.

Die *Mahâyâna*-Interpretation der Kette voneinander abhängigen Ursachen ist umfassender. Geburt, Verfall und Tod werden hier nicht mehr als die Lebensstadien eines bestimmten Menschen angesehen, der geboren wird, sich entwickelt, altert und stirbt, um dann erneut geboren zu werden und ein ähnliches Leben zu führen, mit abwechselnd angenehmen und schmerzhaften Empfindungen. Das liegt an dem universellen Gesetz der Vergänglichkeit, nach dem alles, was entsteht, das Ergebnis einer Kombination verschiedener Elemente ist und deshalb notwendigerweise wieder zerfallen muß, wenn andere Ursachen als die auftauchen, die die Zusammensetzung des Ganzen bewirkten. Die letzten

Worte des sterbenden Buddha an seine Schüler brachten dies klar zum Ausdruck: "Alles, was erzeugt und zusammengesetzt ist, ist vergänglich."

Dieses Gesetz der Vergänglichkeit regiert die Sonnen in den unergründlichen Tiefen des Weltraums ebenso wie das Leben des kleinsten Insekts und das Dasein eines winzigen Staubkorns. Es genügt allerdings nicht zu verstehen, daß Geburt, Verfall und Tod nur deswegen Ausdruck dieses Prozesses sind, weil unsere Sinne zu schwach sind, um ihn anderswo registrieren zu können. Der Prozeß findet nämlich ununterbrochen, in allen Lebewesen und in allen Dingen statt: In jedem einzelnen der Atome, aus denen Sonnen und Staubkörner bestehen, spielt sich das ewige Drama von Geburt, Altern und Tod ab. Der Kreislauf voneinander abhängiger Ursachen findet sich also in allem und überall, im unendlich Kleinen wie im unendlich Großen. Entwicklung vollzieht sich nicht chronologisch, sondern die zwölf aufgeführten Ursachen sind immer gegenwärtig, sie existieren nebeneinander und in gegenseitiger Abhängigkeit. Ihr Wirken ist miteinander verknüpft, und sie können nur gemeinsam bestehen. Die Theorie voneinander abhängiger Ursachen beschreibt also keineswegs Ereignisse eines Lebewesens, das unabhängig von diesen Ursachen existiert. Jedes Lebewesen *ist* eine oder *besteht aus* einer "Kette voneinander abhängiger Ursachen", das Universum *ist* eine solche Kausalkette, und außerhalb dieser Aktivität gibt es weder Lebewesen noch ein Universum.

Der Meister, der diese mystischen Lehren seinem Schüler mündlich weitergibt, erläutert diese Theorien natürlich ganz ausführlich. Ich habe hier nur einige kurz zusammengefaßt, aber es gibt noch viele andere, die von tiefsinnigen buddhistischen Philosophen Indiens und Chinas erklärt wurden, sowie von tibetischen Autoren wie Gambopa, Jamyang und Shespa, von verschiedenen

Führern der Sekte der Sakyapas und von vielen anderen. Der Meister fordert seine Schüler auf, die umfangreiche philosophische Literatur zu studieren, die ihnen in den Bibliotheken der großen Klöster zur Verfügung steht. Gelehrsamkeit wird nicht verhöhnt, vielmehr ist der Meister oft selber ein anerkannter Gelehrter. Für ihn ist Gelehrsamkeit jedoch kaum mehr als eine profitable geistige Gymnastik, die darauf ausgerichtet ist, den Intellekt flexibel zu halten und Kritikfähigkeit, Vorsicht und Zweifel zu wecken. Dies gilt ja als erster Schritt auf dem Weg der Untersuchung und Erkenntnis. Dann wird der Schüler mit den Elementen des *gsang bai gdams ngag* [*sang wai dam nag*] in Berührung gebracht, und neue Interpretationen der voneinander abhängigen Ursachen werden ihm nahegelegt.

Schon bei der Erklärung grundlegender Begriffe wie "*Unwissenheit*" und "*samskâra*" wird die volle Aufmerksamkeit der Schüler gefordert. Was bedeutet Unwissenheit? Es bedeutet, nicht zu wissen. Es gibt jedoch keine vollkommene Unwissenheit. Man mag gewisse Sachen nicht wissen, aber gleichzeitig weiß man doch bestimmte andere Sachen. Letztlich besitzt jemand, der sich bewußt ist, "nicht zu wissen", gerade deswegen das Wissen, daß er existiert, egal welcher Natur diese Existenz auch sein mag.

Sollten wir deshalb diese unbegreifliche Unwissenheit, mit der die Serie der zwölf Ursachen anfängt, nicht eher als Irrtum ansehen, als eine falsche Vorstellung? Anstatt uns also diese Unwissenheit[29] als eine nebulöse okkulte Kraft vorzustellen, die sich in den Tiefen von Raum und Ewigkeit verbirgt und ursprünglich den Leidensweg der Lebewesen durch den *samsâra* verursachte, sollten wir vielleicht besser begreifen, daß dieses "Nicht-Wissen" nur "*unser eigenes*" ist, also ein wesentlicher Bestandteil unseres Daseins.

29 Tibetisch: *ma rig pa* = Nicht-Wissen. Sanskrit: *avidyâ* = Unwissenheit.

Was erzeugt Unwissenheit? Was erhält sie aufrecht? Unsere Aktivität, unser physisches und geistiges Handeln. Obwohl die geheimen mystischen Lehren Tibets auf einer philosophischen Weltanschauung beruhen, die sich gänzlich von der unterscheidet, die den Autor der *Bhagavadgîtâ* inspirierte, stimmen sie doch mit diesem Lehrgedicht der Hindus überein:

"Niemand kann auch nur einen Augenblick lang ohne zu handeln existieren. Jeder wird von der Natur der Elemente,[30] aus denen er besteht, (von seinen natürlichen Daseinsfunktionen) zum Handeln gezwungen."[31]

Was drängt uns zum Handeln? Die Sinne erzeugen Wahrnehmungen und Empfindungen, und wir haben bereits im vorigen Kapitel gesehen, daß uns unsere Sinne falsche Informationen liefern. Wenn wir uns von ihnen täuschen lassen, kultivieren wir Unwissenheit. Da wir jedoch keinen anderen Zugang zur Wirklichkeit haben, sind wir nicht nur "unwissend", sondern wir errichten auf der Grundlage falscher Informationen auch noch alle möglichen falschen Ansichten und eine ganze Phantasiewelt. Diese geistigen Gebilde beruhen also auf den ununterdrückbaren Aktivitäten unseres Geistes und auf Unwissenheit. Sie sind die *samskâra(s)* oder Gefüge, die dic Tibeter *hdu byed* [*dutsched*], "Sammlungen" oder "Gefüge" nennen. Diese "Gefüge" wcrden dadurch aufrechterhalten, daß wir an ihre Realität glauben und sie benutzen. Auf diese Weise verleihen wir der Welt eine Art Scheinwirklichkeit, die wir dadurch aufbauen, daß wir die Welt als etwas ansehen, das sich außerhalb von uns befindet. In Wahrheit aber strahlt sie aus uns hervor und existiert in uns in Abhängigkeit von der Illusion, der wir zum Opfer fallen.

Die "Kette voneinander abhängiger Ursachen" ent-

30 Die *guna*(s).
31 *Bhagavadgîtâ* III.5.

wickelt sich in unserem Geist und wird auf sich selbst zurückgeworfen und zwar durch drei einander unterstützende Faktoren: Unwissenheit, Wunsch und Handlung.

Anstatt den *pratîtya-samutpâda* als Gesetz zu verstehen, das uns regiert (die exoterische Auffassung – *tschi*) oder anzunehmen, daß wir selber diese "wie ein Strom fließende" Kausalkette sind (die esoterische Auffassung – *nang*), können wir nur dadurch ein tieferes Verständnis der mystischen Lehren gewinnen, wenn wir verstehen, daß wir nicht nur die Kausalkette *sind*, sondern sie zugleich auch erschaffen.

"Ich kenne dich, Erbauer des Hauses!
Jetzt wirst du nicht mehr weiterbauen."[32]

Es bleibt jetzt dem Schüler überlassen, über alles das zu meditieren. Der Meister geht zur Untersuchung einer anderen Theorie über. Doch bis dahin kann viel Zeit vergehen.

32 *Dhammapada*, 154.

VIERTES KAPITEL

Das Wissen

Nach dieser kurzen Untersuchung der Theorie "voneinander abhängiger Ursachen" wollen wir nun auf die im zweiten Kapitel begonnene Erläuterung der Theorien über die Erinnerung zurückkommen. Im späteren Buddhismus, also zwischen dem fünften und sechsten Jahrhundert, erlangten die Theorien zum *âlaya-vijñâna* eine große Bedeutung. Sie wurden zwar nicht genau zu dieser Zeit aufgestellt, denn ihre Samen existierten bereits früher, doch haben die Gelehrten des *Mahâyâna*-Buddhismus sie in dieser Zeit in den Vordergrund gebracht und entwickelt. *Alaya* ist ein Sanskrit-Wort und bedeutet "Aufenthaltsort", "Gefäß", "Speicher". Wir begegnen ihm in dem berühmten Namen der hohen Gebirgskette, die Indien von Tibet trennt: *Himâlaya*, "Aufenthaltsort oder Speicher (*hima*) von Schnee und Eis (*âlaya*)". *Alaya-vijñâna* bedeutet also "Aufenthaltsort, Gefäß oder Speicher von Bewußtsein". Dabei sollte man nicht vergessen, daß der Begriff "Bewußtsein" im Buddhismus immer auch "Wissen" bedeutet: Man "weiß" etwas, wenn man sich dessen "bewußt" ist. Sich einer materiellen oder geistigen Sache bewußt zu sein bedeutet, daß man sie bemerkt hat. Es ist hier also von "Wissen" die Rede und nicht von einer imaginären geistigen Fähigkeit, die wie ein Richter in uns sitzt, der keine Widerrede duldet und unser Handeln nach einer Moral bewertet, die sich auf eine innere

Vorstellung von Gut und Böse im absoluten Sinne beruft.[33]

Dieses *âlaya-vijñâna* oder "Speicherbewußtsein" wird in den populären und elementaren Lehren Tibets zwar nicht erwähnt, doch finden wir es in den sogenannten "inneren" Lehren (*ngang*) und in den geheimen mündlichen Instruktionen (*gsang bai gdams ngag*) [*sang wai dam nag*].

Was wird uns dort nun über dieses Bewußtsein gesagt? Jede physische oder geistige Handlung, jede Bewegung, sei es auf grober materieller Ebene oder auf der feinstofflichen Ebene des Geistes, verursacht eine Energiestrahlung.[34] Es wird, um einen gängigen Ausdruck zu verwenden, ein "Same"[35] erzeugt. Dieser Same hat die Tendenz, unter günstigen Voraussetzungen wie ein materielles Samenkorn ein Wesen[36] hervorzubringen, das zur selben Gattung gehört wie das Wesen, das den Samen erzeugte. Aus dem Samen einer Eiche wächst eine Eiche, aus dem eines Tieres, eines Hundes oder Vogels, wächst ein Tier, ein Hund oder ein Vogel. Dasselbe gilt für die zahllosen Energiesamen, die durch Zuneigung, Abneigung, Liebe, Haß und durch die diesen Empfindungen entsprechenden Handlungen ins Universum geschleudert werden. Auch das Gefühl, das uns an unser individuelles Leben bindet, erzeugt solche Energiesamen, und auch alle unsere Handlungen auf materieller Ebene, die dazu dienen sollen, unser individuelles Dasein zu bewahren und aufrechtzuerhalten, seine Macht zu verstärken und seinen Handlungsradius zu erweitern. Alle diese Samen haben die Tendenz, die psychischen

33 Vergleichbar mit dem Kantschen Imperativ.

34 Tibetisch: *choug* oder *rtsal* [*tsal*]. Sanskrit: *shakti*.

35 Tibetisch: *sabon* [*sabön*]. Sanskrit: *bîja*.

36 Unter "Wesen" sind hier nicht nur Lebewesen zu verstehen, sondern ganz allgemein alles, was existiert, unabhängig davon, zu welcher materiellen oder subtilen Natur dieses "Etwas" jeweils gehört.

oder materiellen Gegenstücke zu ihren "Eltern" hervorzubringen.

Um solch einen Samen zu säen, ist es keineswegs erforderlich, daß unsere Gefühle in Taten zum Ausdruck kommen. Alle unsere Sehnsüchte und Wünsche, auch die uns nicht bewußten und die unterdrückten, alle unsere Gedanken, egal welcher Art sie sein mögen, stoßen ununterbrochen Samen aus. Außerdem sind auch die in unserem Unterbewußtsein ständig ablaufenden, uns selber also nicht bewußten Aktivitäten äußerst kraftvolle Quellen solcher Samen.

Nach den mystischen Lehren muß man aber noch weitergehen. Man muß verstehen, begreifen und wirklich sehen, daß es keinen Grashalm und kein Sandkorn[37] gibt, das nicht aufgrund der Aktivität seines physischen und psychischen Lebens solche Samen sät. Man darf dabei natürlich nicht vergessen, daß deren Leben ihrer jeweiligen Gattung entspricht und sich in keiner Weise mit dem menschlichen vergleichen läßt.

In dieser Welt, die Bewegung *ist*, kann es auch nicht die geringste Bewegung geben, ohne daß sie andere Bewegungen, andere Manifestationen von Energie auslöst, die ihrerseits zu Wiederholungen tendieren, die von "Erinnerungen" (*vâsanâ*) oder, wie sie die Tibeter nennen, von "Tendenzen, Neigungen" (*pagtschag*) abhängen. Jede unserer physischen und geistigen Handlungen ist nicht nur die Frucht von Ursachen, die aus dem gesamten Universum stammen, sondern wirkt sich auch auf das gesamte Universum aus. So entfaltet sich ohne erkennbaren Anfang ein Spiel von Aktivitäten, die das Universum ausmachen.

37 Die Atome, *rdul phran* [*dul ten*] oder *rdul phra* [*dul ta*] werden mit Sand- bzw. Staubkörnern verglichen, von denen die Meister der mystischen Lehren sagen, jedes einzelne sei eine Welt für sich mit unzähligen Wesen, und in jeder dieser Welten spiele sich das Drama von Geburt und Tod ab, vergleichbar mit dem, an das wir in unserer eigenen Welt gewöhnt sind.

Es gibt eine Theorie, nach der diese Energiesamen, die dauernd in das Universum geschleudert werden, in einem Gefäß (*âlaya*) gespeichert werden und dort als latente Energieformen ruhen. Da warten sie nun auf die angemessenen Umstände, um sich manifestieren zu können, so wie Samenkörner in einer Scheune erst dann keimen, wenn man sie mit feuchter Erde in Verbindung bringt.

Entsprechend angemessene Umstände tauchen allerdings ständig auf. So strömen ununterbrochen Samen in das Gefäß ein, und andere Samen strömen ebenso ununterbrochen aus ihm heraus in Gestalt von Gewohnheiten, Neigungen und "Erinnerungen" (*vâsanâ*) physischer oder psychischer Art. Sie begünstigen eine Wiederholung von materiellen und geistigen Handlungen, die sich bereits früher einmal ereigneten.

Unter welchen Voraussetzungen keimen diese Samen nun? Zunächst einmal sind diese Voraussetzungen selber auch das Produkt von Samen, denn nichts kann außerhalb des Kreislaufs von Handlungen und deren Früchten, also außerhalb der Verkettung von Ursachen und Wirkungen existieren. Jede Ursache ist zugleich die Wirkung einer vorangehenden Ursache, und diese Wirkung wird zur Ursache für eine andere Wirkung.

Gewisse Gelehrte des *Mahâyâna*-Buddhismus vergleichen "*âlaya*" mit "einem ununterbrochenen Fluß mit einer ständigen Strömung". Dieser Vergleich mit einem "fließenden Strom" führt uns weit fort von dem Bild eines Gefäßes oder Speichers für Samen, das eher die Vorstellung von Unbeweglichkeit oder Stagnation hervorruft. Andere haben die Vorstellung der Unbeweglichkeit jedoch in verschiedenen Formen und mit unterschiedlichen Namen mehr oder weniger beibehalten, denn eine Welt, die nichts anderes als Bewegung ist, macht sie schwindlig. Sie finden keinen Halt darin, keine solide Stütze, an die sie sich klammern können und möchten, und so erfinden sie sie im Geiste, bis sie schließlich den *âlaya* in einen *garbha*, das Gefäß in eine Gebärmutter verwandelt haben, die alle Wesen enthält. Diese Vorstellung entspricht dem *brahman* der *Vedânta*-Philosophie.

Die geheimen Lehren vertreten hier eine ganz andere Auffassung, die auf der grundsätzlichen Vergänglichkeit aller Phänomene und auf der Tatsache beruht, daß alle Phänomene zusammengesetzte Gebilde sind. Die Samen kann man nicht als beständig ansehen, weil sie die Produkte geistiger Tätigkeiten sind und mit materieller Aktivität verbunden sein können, aber nicht müssen, und weil sie aus verschiedenen Elementen zusammengesetzt sind. Wie alle Gebilde bestehen sie aus aufeinander folgenden flüchtigen Momenten.

Wie kann man sich aber ein Gefäß oder Behältnis vorstellen, das etwas Flüchtiges in einer Art Wartezustand oder im Zustand der Ruhe enthält, obwohl es keine wirkliche Dauer besitzt? In Wahrheit gibt es deshalb nur ein ständiges Fließen von Energieblitzen. Es ist sowohl ununterbrochen (es hört nie auf), als auch unterbrochen (es besteht aus einzelnen Momenten). Ursachen und Wirkungen erzeugen einander auf eine Art, daß dic Erzeuger-Ursachen nie die von ihnen erzeugten Wirkungen kennen können. Denn die Ursache verschwindet ja mit dem Auftauchen der Wirkung, oder besser und richtiger gesagt: das Verschwinden selber erzeugt die Wirkung, das neue Phänomen.

Vasubandhu[38] unterstützt diese Theorie des *âlaya*-Gefäßes in gewisser Weise, wenn er sagt: Eine Handlung vergeht unmittelbar nach ihrer Entstehung und kann deshalb unmöglich selber eine Wirkung erzeugen. Sie

38 Vasubandhu war ein bedeutender buddistischer Philosoph, der zwischen dem fünften und sechsten Jahrhundert lebte, möglicherweise sogar schon im vierten Jahrhundert.

vermittelt dem Wurzelbewußtsein (*mûla-vijñâna*) jedoch Wirkungsmöglichkeiten, Samen oder Energien, die ihrerseits die Wirkung erzeugen. Diese Wirkungsmöglichkeiten werden *vâsanâ* (Erinnerung) genannt.

Können wir das "Wurzelbewußtsein", das diese Eindrücke empfängt, mit dem Gefäß vergleichen, aus dem manche schon fast eine mystische Persönlichkeit gemacht haben? Wir werden sehen, was die mystischen Lehren dazu sagen. Doch zunächst einmal wollen wir uns eine Erklärung von Hiuan Tsang[39] anschauen, mit der er die Vorstellung von Vasubandhu bestätigt. Danach wird eine Wirkung nicht von einer Handlung erzeugt, sondern von dem Eindruck, den diese Handlung im "Wurzelbewußtsein" hinterläßt.

"Die Frucht hat nicht dieselbe Natur wie die Handlung", sagt Hiuan Tsang, "denn sie wird nicht direkt von der Handlung erzeugt."

Die geheimen Lehren widersprechen dieser Auffassung in keiner Weise. Der Schüler wurde bereits darauf aufmerksam gemacht, daß eine Wirkung niemals Produkt einer einzelnen Ursache ist, sondern immer mehrerer Ursachen von ungleicher Stärke. Die Samen sind aber von Anfang an aus verschiedenen Dingen zusammengesetzt, und dazu gehören auch unterschiedliche Elemente. Außerdem ist die Umgebung, in die sie geworfen werden, selber ebenfalls eine Mischung aus unähnlichen Elementen, so daß der Same, ehe er eine Wirkung erzeugen kann, notwendigerweise mit anderen Samen in Kontakt kommt. Auf diese Weise überlagern sich die "Eindrücke", wie Vasubandhu sie nennt, auf unterschiedliche Art, und nur selten entspricht ein Eindruck genau einem anderen. Aufgrund dieser Kontakte, dieser Überlagerungen, verändern sich also die Samen

39 Hiuan Tsang, geboren 633 AD, war ein weitgereister chinesischer buddhistischer Philosoph.

und Eindrücke und weichen mehr oder weniger von ihrer ursprünglichen Natur ab.

Daraus folgt, daß die *vâsanâ(s)* – die Erinnerungen, Samen, Tendenzen, Gewohnheiten und so weiter – die Struktur der Vergangenheit (physische oder psychische Aktivitäten) niemals nach einem absolut identischen Muster erschaffen. Das Muster der Zukunft wird zwar von den "Erinnerungen" beeinflußt und wird deshalb mehr oder weniger deutliche Ähnlichkeiten mit dem Muster der Vergangenheit aufweisen, doch wird die Kopie niemals mit dem Original identisch sein. Das aber schließt dann auch die Möglichkeit einer genauen Voraussage aus. Manche Menschen glauben allerdings, man könne die Wirkungen und damit das Bild der Zukunft vorhersehen, vorausgesetzt man kennt alle in der Gegenwart existierenden Ursachen. Diese Auffassung wird jedoch in den geheimen Lehren abgelehnt.

Auf der Grundlage des Gesetzes von der Unbeständigkeit warnen die Lehren vor der Vorstellung eines absoluten Determinismus. Dem Schüler, so heißt es, sei nur ein Bereich von Wahrscheinlichkeiten zugänglich. Gleichzeitig aber wird die deterministische Lehre von der Verkettung von Ursachen und Wirkungen aufrechterhalten.

Doch selbst wenn wir annehmen, daß man in einem bestimmten Augenblick alle Ursachen kennen und *in demselben Moment* die Wirkungen berechnen könnte, die von Natur aus durch diese Ursachen erzeugt würden, so hätten sich diese Ursachen *in dem nächst folgenden Moment* doch bereits verändert, weil sie mit anderen Ursachen und Kräften in Kontakt gekommen sind. Sie sind also nicht mehr identisch mit dem, was sie vorher waren. In Wirklichkeit kommen zusätzlich auch noch weitere und andersartige Ursachen mit ins Spiel. Daraus folgt, daß sich die Wirkungen, die man aufgrund dieser zusätzlichen Ursachen jetzt erwartet, von denen unterscheiden, die man im vorigen Moment vorausgesagt hatte. Gleichzeitig spielt sich ein ähnlicher Vorgang in den Sinnesorganen und im "Geist" des Beobachters ab, die sich alle ebenfalls von einem Augenblick zum nächsten verändern.[40]

Wir haben es hier also mit einem zweifachen Strom flüchtiger Phänomene zu tun. Welcher Augenblick könnte uns da ein stilles Bild von Ursachen zeigen, das als angemessene Basis für die genaue Bestimmung aller Elemente dienen könnte, die das Bild der Zukunft festlegen?

Die Tibeter übersetzen *âlaya-vijñâna* mit *kun gzhi rnam par schespa* [*kun ji namparschespa*]. Doch ist diese Übersetzung genau? Eine derartige Diskussion sprengt natürlich den Rahmen des vorliegenden Buches, doch müssen wir die Bedeutung, die die Tibeter diesem Begriff in ihren geheimen Lehren geben, so genau wie möglich verstehen.

Die Vorstellung eines "Gefäßes" kann man nicht auf *kun gzhi* anwenden. *Gzhi* [*ji*] bedeutet "Grundlage", aber auch "Familienbesitz". Das *gzhi* eines Menschen bezeichnet einen Wohnsitz, der zunächst seiner Familie gehörte, der dann aber in seinen Besitz überging. Im übertragenen Sinne kann *gzhi* auch die Grundlage einer Lehre bedeuten, das Fundament eines Gebäudes und ganz allgemein jede Art von Basis für was auch immer.

Kun bedeutet "alles". *Rnam par schespa* besteht aus zwei Worten: *rnampar* – "vollkommen" und *schespa* – "wissen", "vertraut sein mit". *Kun gzhi rnam par schespa* bedeutet also "Vertrautsein-Wissen als Basis von allem" oder genauer "grundlegendes Wissen".

An dieser Stelle bedarf es einiger Erläuterungen. Zunächst einmal müssen wir verstehen, daß es sich hier um ein Wissen oder Bewußtsein handelt, das von dem höhe-

40 Siehe zweites Kapitel.

ren Wissen, dem sogenannten *schesrab* [41] vollkommen verschieden ist. Das Wissen, das uns hier als Grundlage von allem vorgestellt wird, erzeugt Unterschiede und Trennungen. Es verteilt Namen, Formen und Eigenschaften. Kurz gesagt: Es ordnet die Welt. Die Welt ist sein Werk.

Dieses Wissen ist aber eine Täuschung. Es ist von unseren Sinnen abhängig, die alle ihren Beitrag zum gemeinsamen Ganzen leisten. So trifft man folgende Unterscheidungen:

Wissen aufgrund der Augen – Formen und Farben.

Wissen aufgrund der Ohren – Klänge.

Wissen aufgrund der Zunge – Geschmäcker.

Wissen aufgrund der Nase – Gerüche.

Wissen aufgrund der Haut, das auf dem Spüren, dem Kontakt mit Dingen beruht.

Und schließlich die sechste Art von solchem Wissen, das alles andere als unbedeutend ist und auf dem Geist beruht, das heißt auf geistigen Kontakten: Ideen, Vorstellungen und so weiter.

Es werden aber noch zwei weitere Arten von Wissen erwähnt, die eine ganz andere Bedeutung haben als die Sanskrit-Wörter, die die buddhistischen Gelehrten als *vijñâna(s)* auflisten. Eine von diesen ist eine Zusammenfassung der sechs oben aufgeführten Arten von Wissen und gilt als das Wissen oder Verständnis eines verdunkelten Geistes (*ngong mongs pa tschan gyi yid kyi rnam par schespa*).[42] Es handelt sich um falsches Wissen, um einen Irrtum, der einen Geist beherrscht, der von den Sinnen falsche Informationen bekommen hat. Die In-

41 *Sches* = Wissen; *rab* = höher. Einen ähnlichen Unterschied gibt es im Sanskrit zwischen den Worten *vijñâna* und *prajñâ*. *Vijñâna* bedeutet ein auf die Dinge dieser Welt angewendetes Unterscheidungsvermögen und *prajñâ* transzendente Weisheit.

42 [*nieun mongpa tschen gy yid kyi maparschespas*], eine Übersetzung des *Sanskrit*-Begriffs *âdana-vijñâna*.

formationen oder Eindrücke, die die Sinne an den Geist weiterleiten, sind jedoch immer falsch, da sie die Wirklichkeit nicht begreifen oder umfassen können.

Das Verständnis eines “verdunkelten” Geistes ist der Verbündete des Verständnisses, das “begreift” (*len pai rnam par schespa*). Die falschen Vorstellungen eines verdunkelten oder überschatteten Geistes werden nun aufgegriffen und zusammengestellt und bilden dann die Motive zum Handeln. Es kommt zu einer auf solch falschem Wissen beruhenden geistigen Aktivität, die ein Bild von der Welt entwirft, das nichts mehr mit der Realität zu tun hat. Wir sehen jetzt diese Welt wie ein Spiel, das außerhalb von uns stattfindet, während es in Wirklichkeit nichts anderes gibt als eine Leinwand mit vielfarbigen Mustern, die wir in uns entsprechend unserem falschen Wissen selber gewoben und bemalt haben. So ist also das *kun gzhi rnam par schespa*, das aus den Beiträgen aller *rnam par schespas* besteht, keineswegs ein mythisches Gefäß, sondern unser eigenes Bewußtsein, die Grundlage der Welt der Phänomene, *unser* gesamtes Universum.

Der aus “Samen” bestehende “Fluß” mit seiner zugleich ununterbrochenen wie auch unterbrochenen Strömung ist also nichts anderes als unser Geist, in dem die *rnam par schespas* und die von ihnen erzeugten Verständnisse, Vorstellungen und so weiter in einer ununterbrochenen Serie voneinander getrennter Momente erscheinen und sofort wieder verschwinden.

An dieser Stelle stellt der Meister, der die geheimen Lehren an seinen Schüler weitergibt, eine Frage: “Was verstehst du unter ‘deinem Geist’, wenn du über ihn sprichst oder an ihn denkst?”

Den Tibetern stehen drei verschiedene Worte zur Verfügung, um das, was wir “Geist” nennen, zum Ausdruck zu bringen: *sems*, *yid* und *blo* [*lo*]. Diese drei Worte sind nicht bedeutungsgleich.

Blo bezeichnet sämtliche Zustände des Geistes: erregt, ruhig, aufmerksam, forschend, lustlos, gleichgültig, äußeren Eindrücken gegenüber offen oder unempfindlich, unterscheidungsfähig, Tendenz zur Klassifizierung oder keiner Unterschiede bewußt, phantasievoll oder realistisch, auf greifbare Tatsachen gerichtet, verständnisvoll oder stumpf, leidenschaftlich oder unbeeindruckt, ein Geist, der Ideen verarbeitet, sammelt und analysiert, ein gedemütigter, deprimierter oder wacher Geist und so weiter. *Blo* bezeichnet also alle Arten, in denen sich der Geist zeigt. *Yid* bedeutet Geist im Sinne des reinen Intellekts.

Sems hat meist eine allgemeinere Bedeutung, etwa "Denkprinzip", das zum Beispiel Lebewesen von angeblich unbelebten Dingen unterscheidet. Im exoterischen Sinne bedeutet *sems* etwas ähnliches wie *namesches* (oder *jîva* in Indien): das "Bewußtsein", welches immer wiedergeboren wird. Der Ausdruck *sems tschen* (mit *sems* oder Geist versehen) bedeutet in der Schriftsprache "alle belebten Wesen" einschließlich der Menschen, doch im allgemeinen Sprachgebrauch wird er nur für Tiere verwendet und gilt, auf Menschen angewendet, als Beleidigung.

Der Schüler muß zunächst die Bedeutungen der drei Worte für die unterschiedlichen Aspekte des Geistes lernen, so daß er die Frage des Meisters versteht, der darin das allgemeine Wort *sems* für Geist benutzt: "Was verstehst du unter 'deinem Geist', wenn du über ihn sprichst oder an ihn denkst?"

Damit der Schüler die Vielfältigkeit und Kurzlebigkeit dessen erkennen kann, was wir "Geist" nennen, erklärt der Meister eingehend die verschiedenen geistigen Zustände, von denen wir oben bereits einige erwähnt haben. Es wurde bewiesen, daß die Vorstellung eines unabhängig von seinen Bestandteilen bestehenden "*Ich*" falsch ist. Ebenso wird die Vorstellung abgelehnt, es gäbe einen Geist, der unabhängig von diesen geistigen Zuständen, von diesen unterschiedlichen Aktivitäten existiert, die den Geist ausmachen.

Betrachten aber nicht die meisten Menschen gerade diesen "Geist" als ihr wahres und dauerhaftes "*Ich*", mit dem sie sich zwar nicht identifizieren, dem sie aber trotzdem diese verschiedenen Zustände und Arten von Aktivität zuschreiben? Den buddhistischen Schriften zufolge soll Buddha darüber folgendes gesagt haben:

"Es wäre besser, den Körper anstatt den Geist als '*Ich*' anzusehen, denn der Körper scheint wenigstens ein, zwei oder hundert Jahre zu bestehen, während das, was wir mit Geist, Gedanke oder Wissen bezeichnen, sich dauernd verändert, kommt und geht wie Tag und Nacht.

Wie ein im Wald herumtollender Affe einen Ast greift, ihn dann wieder losläßt um einen anderen zu greifen, so verändert sich auch ständig das, was Geist, Gedanke oder Wissen genannt wird; es kommt und geht wie Tag und Nacht."[43]

Ein Schüler der geheimen Lehren ist nicht nur mit diesen Theorien vertraut, sondern hat sie bereits selber überprüft und festgestellt, daß sie richtig sind. Während der Meditation hat er seinen Geist ganz aufmerksam beobachtet und *lag mthong*, die mystische Einsicht erlangt. So sieht er mehr als die meisten Menschen, und er schaut sich einfach das ständige Auftauchen und Verschwinden von Vorstellungen, Wünschen, Erinnerungen und so weiter an, die wie kurzlebige Blasen auf einem Fluß vorbeitreiben. Er hat selber erkannt, daß man mit dem einen Wort "Geist" eine ganze Reihe verschiedener geistiger Phänomene bezeichnet.

Trotz allem kann die tiefsitzende Gewohnheit, auf der Grundlage eines "*Ich*" zu denken, dazu führen, daß

43 *Samyutta Nikâya.*

der Schüler seinen Geist einschränkt. Er kann also den Geist als einen Strom flüchtiger Augenblicke ansehen und gleichzeitig bewußt oder unbewußt die Theorie der *santâna(s)* akzeptieren, nach der der Geist aus isolierten Bewußtseinsströmen und geistigen Aktivitäten besteht, die ihren jeweils eigenen, individuellen Verlauf nehmen.

Nach den geheimen Lehren muß man jedoch begreifen, sehen und spüren, daß es gar keinen Strom gibt, den man als *meinen* Geist ansehen könnte. Daraus folgt, daß es auch keine Vielzahl von Strömen gibt, die geistigen Instanzen anderer Menschen entsprechen. Es gibt vielmehr nur einen einzigen Strom ohne erkennbaren Anfang, den *kun gzhi rnam par schespa*, der aus der Summe aller jeweils wirksamen geistigen Aktivitäten besteht. Was wir *unseren* Geist nennen, ist in diese Gesamtheit eingetaucht. Trotzdem versuchen wir mühsam, diesen Geist abzugrenzen und zu definieren – ein wahrhaft sinnloses Bemühen. Ob wir uns dessen bewußt sind oder nicht, die Gedanken, Wünsche und Bedürfnisse, die wir im Leben empfinden, unser Lebensdurst – nichts von all dem gehört wirklich uns allein. Alles das ist Gemeingut, ist der fließende Strom unberechenbarer Momente des Bewußtseins, der seinen Ursprung in den unerreichbaren Tiefen der Ewigkeit hat.

Hier finden wir wieder die Vorstellung des *âlaya-vijñâna*, doch diesmal in anderer Gestalt, nicht als eine Mischung von "Samen". Sie sind hier vielmehr selber die Früchte von Handlungen und bestimmten neuen Handlungen und beruhen auf "Erinnerungen", wie die Inder sagen, oder "Tendenzen", wie es die Tibeter nennen.

Doch reicht es nicht, solche Lehren einfach nur zu hören oder Erklärungen solcher Lehren in philosophischen Schriften zu lesen. Man muß sie selber sehen, wirklich *sehen*, als Ergebnis einer scharfsinnigen Einsicht, einer durchdringenden Schau, *lhag thong*, die uns weiter blicken läßt als je zuvor. *Lhag thong*, die transzendente Einsicht, mit der man über die Erscheinungen hinausblickt und unter ihre Oberfläche dringt, kann wie alle Fähigkeiten entwickelt und kultiviert werden. Es liegt an uns, dies zu tun und uns damit auf die faszinierendste aller Forschungsreisen vorzubereiten.

FÜNFTES KAPITEL

Der Weg

Die eindrucksvollste Theorie des tibetischen Buddhismus und der wohl bemerkenswerteste Teil der geheimen Lehren betrifft das "Überschreiten" oder "Transzendieren".[44] Diese Doktrin beruht auf der *prajñâ-pâramitâ*, der das bedeutende Werk des Nâgârjuna gewidmet ist. Die Tibeter haben, ebenso wie die Chinesen, dem Begriff *prajñâ-pâramitâ* eine ganz andere Bedeutung gegeben als die indischen Philosophen des *Mahâyâna*-Buddhismus, die von den meisten Orientalisten des Abendlandes übernommen wurde. Ihnen zufolge bedeutet *prajñâ-pâramitâ* ausgezeichnete Weisheit, beste oder höchste Weisheit, und diese Bedeutung läßt sich grammatikalisch sicher rechtfertigen. Nach den Chinesen und Tibetern geht es dabei jedoch um eine Weisheit, dic "darüber hinausgeht", und diese Interpretation kann man folgendermaßen rechtfertigen. Das auslautende lange "*â*" von *pâramitâ* wird im Tibetischen durch ein kurzes "*a*" ersetzt, und dann wird "*pâramita*" in zwei Worte geteilt: "*pâram ita*" – "jenseits (darüber hinaus) gegangen". Die Chinesen übersetzen "*pâram ita*" mit "das, was das andere Ufer erreicht hat". Ich will mich hier keineswegs auf eine Diskussion mit Sanskritgelehrten einlassen, sondern beschränke mich auf den Hinweis, daß die von den Tibetern und Chinesen vorge-

44 Darauf habe ich bereits in meinem Buch *Initiations Lamaïques* hingewiesen. Eine deutsche Ausgabe dieses Werkes ist in Vorbereitung.

schlagene Übersetzung keineswegs falsch ist und sich außerdem auf das *prajñâ-pâramitâ-mantra* stützt, das in allen Ländern rezitiert wird, die sich zum *Mahâyâna*-Buddhismus bekennen: Tibet, China, Japan, Mongolei, Transbaikalien und so weiter.

"O Weisheit, die gegangen ist, die jenseits dessen gegangen ist, die auch darüber hinaus gegangen ist, Ehre sei Dir!"[45]

Doch muß man hier anmerken, daß dieses Mantra zwar von einer Weisheit spricht, die "darüber hinaus gegangen ist", daß die Tibeter *prajnâ-pâramitâ* aber mit *schesrab kyi pharol tu phynpa*[46] übersetzen: "über die Weisheit hinaus gehen". Die Genetivpartikel *kyi* läßt keinen Zweifel an der vom Übersetzer beabsichtigten Bedeutung zu. Hätte er zum Ausdruck bringen wollen, daß die Weisheit die Handlung des Gehens vollbringt, hätte er die Partikel *kyis* verwenden müssen. Aber mehr als alle grammatikalischen Erwägungen zeigt uns die Tatsache, daß eine ganze Doktrin auf dieser Lehre vom "darüber Hinausgehen" beruht, in welchem Sinne die Tibeter die *prajñâ-pâramitâ* verstehen.

Die vorangehenden Erläuterungen schienen mir notwendig, weil sich sonst die Leser, die mit der Literatur des Buddhismus vertraut sind, möglicherweise darüber wundern, wie die "ausgezeichneten Tugenden", denen sie bei ihrer Lektüre begegneten, hier behandelt werden.

Ursprünglich gab es sechs solcher "Tugenden", später wurden noch vier hinzugefügt, die aber nur eine untergeordnete Rolle spielen.

45 *gate gate pâramgate pârasamgate bodhi svâhâ.*

46 Aussprache: [*schesrab kyi pharol tu tschinpa*]. Achten Sie darauf, daß das *ph* im Tibetischen nicht wie "*f*" ausgesprochen wird (also nicht wie das deutsche *ph* in "Photographie"), sondern wie ein aspiriertes *p* vergleichbar dem *ph* in "Papphand".

Die "ausgezeichneten Tugenden" oder – bei den Tibetern – die Tugenden, über die man hinausgehen muß:

	Sanskrit	Tibetisch
Freigebigkeit	*dâna-pâramitâ*	*Sbyin pa [Djinpa]*
Sittlichkeit	*shîla-pâramitâ*	*Tshul grims [Tsul tim]*
Geduld	*kshânti-pâramitâ*	*Bzod pa [Söpa]*
Heldenmut, Energie, Anstrengung	*vîrya-pâramitâ*	*Brtson 'gru [Tsöndup]*
Meditation, Konzentration	*dhyâna-pâramitâ*	*Bsam gtan [Samten]*
Transzendente Weisheit	*prajñâ-pâramitâ*	*Shes rab [Scherab]*

Zusätzlich vier später hinzugekommene Tugenden:

Richtige Methode	*upâya-pâramitâ*	*Thabs*
Bestreben, gute Wünsche[47]	*pranidhâna-pâramitâ*	*Smonlam [mönlam]*
Anstrengung, Kraft	*baladhana-pâramitâ*	*Stob s [tob]*
Wissen	*jñâna-pâramitâ*	*Yeshes*

47 Von einigen Autoren des Abendlandes ganz falsch mit "Gebet" übersetzt. Ein Gebet im westlichen Sinne gibt es im Buddhismus nicht.

Jede "Tugend" in dieser Tabelle wird ebenso behandelt wie das Weisheitswissen (*sches rab*). Das bedeutet, jeder Tugend wird das Wort *pâramitâ* – "darüber hinausgegangen" – hinzugefügt. In den Werken der Philosophen, die *pâramitâ* mit "ausgezeichnet" übersetzen, finden wir also "ausgezeichnete Freigebigkeit", "ausgezeichnete Sittlichkeit" und so weiter. Bei den Tibetern dagegen heißt es "über die Freigebigkeit hinausgegangen", "über das Weisheitswissen hinausgegangen" und so weiter.

Ist es nun gut, diese Tugenden zu besitzen und sie auszuüben? Offensichtlich ja. Aber keine von ihnen kann für sich allein Befreiung (*tharpa*) erzeugen, und auch alle zusammen sind dazu nicht in der Lage. Rechtschaffene und Heilige sind ebenso wie schlechte und kriminelle Menschen im Kreislauf von Geburt und Tod (*samsâra*)[48] gefangen, in Ansammlungen und Auflösungen verstrickt, aus denen die illusorische Welt der Phänomene besteht. Allerdings mag sich das Schicksal eines Heiligen von dem eines Kriminellen unterscheiden.

Dem Volksglauben nach führt ein diesen Tugenden entsprechendes Leben zu glücklichen Wiedergeburten in der Welt der Menschen oder Götter. Schlechte Handlungen dagegen führen zu unglücklichen Wiedergeburten in Bereichen, die von Leiden regiert werden. Die meisten Tibeter schauen nur selten über diese beiden Arten von Zukunft hinaus. Trotzdem ist ihnen aber die Vorstellung nicht vollkommen fremd, daß Erlösung, Befreiung vom *samsâra* und der erleuchtete Zustand eines Buddhas etwas ganz anderes sind als ein tugendhaftes Leben und das Ausführen von religiösen Riten. Die guten Leute auf dem "Dach der Welt", im Land des Schnees, glauben zwar, daß all das ihren Verstand übersteigt, aber sie sinnen trotzdem darüber nach.

48 Das Sanskritwort *samsâra* lautet im Tibetischen *korwa* [*skorwa*] und bedeutet ebenfalls "Kreislauf".

Auf dem höheren Niveau der mystischen (*nang*) Lehren wird erklärt, daß die Tugenden und ihre Ausübung zu einem integralen Bestandteil unseres Charakters werden müssen, wenn man "ausgezeichnet" sein will. Sie müssen sich zu unbewußten Reflexen entwickelt haben. So sollte man einem Leidenden ebenso spontan und instinktiv helfen, wie man eine Hand blitzschnell zurückzieht, wenn sie etwas glühend Heißes berührt.

Zeigt sich unsere Freigebigkeit, unsere Geduld, unsere Bemühung, oder welche der ausgezeichneten Tugenden auch immer, nur dann, wenn uns ein Denkprozeß ihre Nützlichkeit nachgewiesen hat, wenn wir uns dazu zwingen müssen, wenn wir also nur gewissen anerzogenen moralischen Prinzipien gehorchen, dann können solche Handlungen den Empfänger natürlich glücklich machen. Für uns ist es jedoch nur eine Art erzieherische Übung, die uns möglicherweise in Roboter verwandelt, die von außen gesteuert werden. Unsere tieferen Schichten werden dadurch nicht verändert. Eine derartige Transformation ist aber das einzige, was wirklich zählt.

Die buddhistische Erlösung oder Befreiung besteht in einer grundlegenden Verwandlung unserer Wahrnehmungen, unserer Vorstellungen, unserer Gefühle. Sie ist ein Erwachen, das auf einer transzendenten und tiefgründigen Einsicht (*lhag mthong*) beruht, die es uns erlaubt, "darüber hinaus zu sehen" und einen Bereich jenseits von Tugenden und Lastern, jenseits von Gut und Böse zu entdecken, einen Bereich, in dem es solche Gegensatzpaare nicht gibt. Man muß also zunächst einmal die "ausgezeichneten Tugenden" praktizieren und dann über sie hinausgehen, weil die transzendente Einsicht einem gezeigt hat, daß sie infantil, sinnlos, unbegründet und wirkungslos sind.

Die Lehre des "Transzendierens" bildet zusammen mit der des "direkten Weges" und der "plötzlichen Befreiung" den wahren Kern der höheren oder auch "geheimen" Lehren. Allen, die in sie eingeweiht wurden oder ihre Wahrheit erkannt haben, wird geraten, sie nicht leichtsinnig zu verbreiten. Sie sind nämlich für die meisten Menschen gefährlich, weil deren Verstand zu beschränkt ist, um ihre wahre Bedeutung zu begreifen.

Können wir nun behaupten, daß die Sammlung von Lehrsätzen und Theorien, die zusammen die geheimen Lehren bilden, einzig und allein in Tibet zu finden sind? Das wäre wohl etwas riskant. Vorstellungen stammen nur ganz selten aus einer einzigen Quelle. Wir können sehen, daß zu bestimmten Zeiten dieselben Vorstellungen bei Menschen auftauchen, die weit voneinander entfernt leben und zwischen denen kein physischer Kontakt besteht. Im Falle Tibets können wir jedoch nicht die Möglichkeit ausschließen, daß es direkte oder indirekte Beziehungen gab zwischen den Philosophen Tibets und denen ihrer Nachbarländer China und Indien, sei es, daß sie gleichzeitig lebten oder daß ihnen die Werke verstorbener Philosophen zugänglich waren.

Der berühmte buddhistische Philosoph Nâgârjuna hat sehr wortgewandt den mittleren Weg (*Mâdhyamaka*) verkündet. Er tendiert weder zur Bejahung noch zur Verneinung, denn beide existieren nur in Beziehung zueinander und haben deswegen kein eigenes unabhängiges Dasein. Nâgârjuna sagt, man müsse über die Vorstellungen von "ja" und "nein", von "Sein" und "Nichtsein" hinausgehen. "Weisheit" muß alle Vorstellungen transzendieren oder, wie es in der tibetischen Übersetzung heißt, wir müssen die Weisheit transzendieren (das heißt, die Weisheit, wie wir sie uns vorstellen), und das kommt letztlich auf dasselbe heraus.

Schon lange vor Nâgârjuna hat Buddha die Prinzipien einer ähnlichen spirituellen und intellektuellen Disziplin dargelegt. Folgendes hat er darüber einem seiner Schüler gesagt:

"Menschen sind daran gewöhnt, von 'ist' und 'ist

nicht' zu sprechen. Wer jedoch mit Weisheit und der Wahrheit entsprechend erkennt, wie alle Dinge der Welt hervorgebracht werden, für den gibt es kein 'ist nicht'. Und wer mit Weisheit und der Wahrheit entsprechend erkennt, wie alle Dinge der Welt vergehen, für den gibt es kein 'ist'.

Das eine Extrem erklärt '*alles ist*', das andere '*nichts ist*'. Ich lehre zwischen diesen beiden die Wahrheit der voneinander abhängigen Ursachen."[49]

Das bedeutet, die Existenz von allem, was es gibt, hängt von dem Dasein anderer Dinge ab, die sie produzieren oder stützen. Und es bedeutet, daß die Existenz von etwas aufhört, wenn die Ursachen oder Bedingungen, die es stützen, nicht mehr existieren. Jede Existenz ist also relativ. Man kann also nicht sagen, daß es sie gibt, weil sie sich nicht selber erzeugt. Man kann sie aber auch nicht als reines Nichts ansehen.

"Darüber hinausgehen" oder "transzendieren" bedeutet, nicht mehr an Meinungen und Konzepten festzuhalten, die in die Welt der Illusionen gehören, sondern zu verstehen, daß sie nur einen relativen Wert besitzen und von Dingen abhängen, die selber auch nur eine relative Existenz haben. Es wäre allerdings ebenso falsch anzunehmen, daß sie überhaupt nicht existieren.

Die tibetischen Meister, die den Anspruch erheben, die geheimen Lehren[50] zu verkünden und die auch als solche anerkannt sind, haben nie behauptet, daß diese Lehren, die sie nur einer kleinen Gruppe auserwählter Schüler vermitteln, allein in Tibet entstanden. Sie erklären vielmehr, daß diese Lehren und die mit ihnen verknüpften Übungen über die ältesten historischen Zeugnissen Tibets hinaus tief in die Vergangenheit zurückreichen. Manchmal schreiben sie den Ursprung der gehei-

49 *Samyutta-nikâya.*
50 *Gsang bai Gdams ngag* [*sang wai dam nags*].

men mystischen Lehren auch einer legendären Gestalt wie *rDo-rje 'chang* zu, doch geben sie ohne weiteres zu, daß sie damit nur auf phantasievolle Weise die Tatsache zum Ausdruck bringen wollen, daß die Anfänge dieser Lehren den Wissenschaftlern unzugänglich sind und daß der Geist dieser Lehren in der einen oder anderen Welt immer die führenden Philosophen inspirierte, die besonders scharfsinnig waren und über die Grenzen der Wahrnehmung der meisten Wesen "hinausblickten" (*lhag mthong*).

Soweit es uns betrifft, sollten wir alle unbegründeten Spekulationen vermeiden und zugeben, daß uns die Entwicklungsgeschichte der tibetischen Religion und Philosophie weitgehend wenn nicht sogar vollkommen unbekannt ist. Die Dokumente, die wir besitzen, sind relativ jung und berichten eigentlich nur von der Tätigkeit buddhistischer Missionare, die zu den verschiedenen Richtungen des *Mahâyâna*-Buddhismus oder zu tantrischen Schulen gehörten. Doch gab es sicher auch noch andere Einflüsse in Tibet, sowohl vor dem Eintreffen des Buddhismus, als auch in der Zeit, in der sich die philosophischen und mystischen Theorien mit der Volksreligion zu einem äußerst komplexen Glauben vermischten, der im Abendland auch "Lamaismus" genannt wird. Die von den Geistlichen des Lamaismus weitgehend verdrängten Böns[51] ahmen diese heute in vieler Hinsicht nach (weiße Böns) oder sind, von einigen Ausnahmen abgesehen, einfach nur noch Zauberer oder Hexenmeister (schwarze Böns). Zu ihnen gehörten in der Vergangenheit wahrscheinlich auch einige aufgeklärte Meister des Taoismus, und manchmal finden wir noch Beispiele dafür unter den Einsiedlern Tibets, obwohl diese sich nicht als Taoisten bezeichnen würden.

51 Genauer gesagt handelt es sich um die *Bön pos*, Anhänger der Bön-Religion, die die Chinesen mit den Taoisten gleichstellen.

Bei näherer Untersuchung der Theorien der geheimen Lehren erhebt sich die Frage, ob nicht manche auf einen direkten Kontakt mit chinesischen Taoisten zurückgehen, wie beispielsweise die Verbindung vom Nicht-Handeln mit der Lehre des "Transzendierens", die Lehre vom direkten Weg oder die von der plötzlichen Erleuchtung. Das ist natürlich nur eine Vermutung, und wir wollen deshalb unsere Aufmerksamkeit nicht weiter darauf richten.

Die Meister der tibetischen Mystik erwähnen häufig Lehren, die angeblich aus dem Norden stammen sollen und auf mysteriöse Weise übermittelt wurden. Diese geheimnisvollen Hinweise beruhen jedoch eher auf Legenden als auf historischen Tatsachen. Außerdem sollte man das Wort "Norden" nicht im geographischen Sinne verstehen, denn sowohl in Tibet, als auch in Indien, wird das Wort "Norden" oft im mystischen Sinne verwendet. Andererseits glauben einige Inder, einschließlich des Gelehrten Bâl Gangâdhar Tilak, an den nordischen Ursprung der Aryas,[52] die seiner Auffassung zufolge aus dem Nordpolargebiet stammten. Das würde erklären, daß aufgrund des anhaltenden Einflusses atavistischer Erinnerungen der Norden eine solche Faszination auf einige Mystiker ausübte. Diese Erklärung kann jedoch nicht auf Tibet zutreffen, auch wenn wir dort derselben Faszination in sogar noch stärkerem Maße begegnen. Immer wieder finden wir in tibetischen Legenden zahlreiche Anspielungen auf ein nördliches Land, aus dem die transzendenten Lehren stammten. Einige *Naldjorpas*[53] behaupten sogar, daß sie den Weg zu diesem geheimnisvollen Land kennen und es gelegentlich besu-

52 Man denke daran, daß *ârya* "ehrenhaft, ehrwürdig, vornehm" bedeutet. Die Vorfahren der weißen Rasse, die jetzt "arisch" genannt wird, haben sich selber als "vornehm, ehrwürdig" bezeichnet, um sich über die Angehörigen anderer Rassen zu erheben, ähnlich den Deutschen im Dritten Reich, die sich als "Herrenvolk" bezeichneten.

53 Wörtlich: *die Frieden und Heiterkeit besitzen*. Bezeichnung für tibetische Yogis.

chen. Aufgeklärte Tibeter sind dagegen der Ansicht, daß es sich dabei um übersinnliche Erfahrungen bei bestimmten Meditationen handelt und nicht um tatsächliche Reisen.

Auf historischer oder halbwegs historischer Ebene sollen nach Ansicht einiger Gelehrter die tantrischen Lehren von Händlern aus dem Norden nach Bengalen gebracht worden sein. Aber welches Land wird hier mit Norden bezeichnet? Tibet oder Kaschmir, die beide von Indien aus gesehen im Norden liegen? Oder weiter entfernte Länder jenseits von Tibet? Zur Beantwortung dieser Fragen fehlen uns gegenwärtig noch entsprechende präzise Informationen. Außerdem gehört dies in den Bereich der historischen Forschung, liegt also außerhalb des Rahmens dieser Arbeit und soll deshalb hier nicht weiter behandelt werden. Kommen wir statt dessen wieder auf die Lehren zurück, die jenen Schülern verkündet wurden, die zur Einweihung in die geheimen Lehren zugelassen waren.

Ist die Lehre vom "Transzendieren", die wir oben kurz dargestellt haben, definitiv? Die Meister der geheimen Lehren sagen, daß sie einen sehr weit bringen. Fragt man sie aber ganz direkt: "Führen sie zum Ziel?", dann lächeln sie nur und schweigen. Das Wort "Ziel" und die Vorstellung von einem letzten, absoluten und objektiven Ziel findet man in den geheimen Lehren nicht. Man gibt beides auf, indem man über die Grenzen der "inneren" Lehren (*Nang*) hinausgeht. Dazu erzählen die Meister der geheimen Lehren ihren Schülern gern das alte buddhistische Gleichnis vom Floß.

Ein Reisender, dem ein Fluß den Weg versperrt, benutzt ein Floß, um ans jenseitige Ufer zu gelangen. Hat er es aber einmal erreicht, wird er das Floß nicht auf seinen Schultern mitschleppen. Er wird es zurücklassen, weil es nutzlos geworden ist.

Dieses Floß repräsentiert die verschiedenen Methoden des intellektuellen Trainings und der Disziplin, die einem Suchenden zur Verfügung stehen, um die Befreiung, "das andere Ufer", zu erreichen. Ist er aber einmal dort angekommen, haben sie keinen Wert mehr. Sie stehen in keinerlei Beziehung zu den dort am "anderen Ufer" existierenden Bedingungen und sind jetzt eine ebenso sinnlose Last wie das Floß in dem Gleichnis.

Wie dem auch sei, das "andere Ufer" ist natürlich auch nur im übertragenen Sinne zu verstehen. Es existiert nirgendwo und zugleich überall. Das "andere Ufer" liegt "jenseits" all unserer Vorstellungen und ist deshalb identisch mit *schesrab pharol tu tschinpa*, dem "höchsten über alles Hinausgehen", der transzendenten Weisheit. Denn auch das ist ja nur ein Konzept in unserem Geist und nichts anderes als ein Floß, das uns das Hinüberkommen ermöglicht, wenn auch das beste und sicherste. Schließlich zeigt uns die transzendente Einsicht (*lhag mthong*) aber, daß selbst das in Wirklichkeit nur ein Instrument ist.

Bedeutet das Erreichen des anderen Ufers aber nun, daß man ein bestimmtes Ziel erreicht hat? Die Mehrheit der Buddhisten glaubt das, doch vertreten die geheimen Lehren eine andere Auffassung.

Hat ein Mensch diesen Fluß überquert, ruht er sich vielleicht eine Weile am anderen Ufer aus, jedoch dort vor ihm liegt ein Land, das er durchqueren muß. Er wird also schließlich aufstehen und seine Reise fortsetzen. Das Überqueren des Flusses, das Ankommen am "anderen Ufer", sind nur Zwischenstationen. Stationen auf dem Weg zu welchem Ziel? Mystiker des Taoismus haben uns hierzu eine geheimnisvolle Erklärung überliefert, mit der die Meister der geheimen Lehren Tibets übereinstimmen, wenn sie mit etwas anderen Worten ihre Schüler vor folgendes Problem stellen:

"Das Land, das es nirgendwo gibt, ist die wahre Heimat des Selbst."[54]

Andererseits stellt sich die Frage, ob es überhaupt einen Reisenden gibt, der hinübergelangt? Gibt es "*jemanden*", der das andere Ufer erreicht? In dem Falle würde der Reisende das "diesseitige Ufer" mit sich nehmen und "nach drüben" bringen, so wie der Staub an unseren Schuhen von einem zum anderen Ort gelangt. Der Reisende würde das "jenseitige Ufer" in das "diesseitige Ufer" verwandeln, denn "*hier*" und "*dort*" gibt es ja nur in ihm, sie existieren nur *als* er. Außerhalb seines Geistes, der "*hier*" und "*dort*" denkt, gibt es kein "*hier*" und "*dort*".

Über Tugenden und Laster, Meinungen und Vorstellungen[55] hinauszugehen bedeutet, über die Gebilde des Geistes hinauszugehen, die dieser ununterbrochen erschafft, und aufgrund transzendenter Einsicht zu erkennen, daß es sie in Wirklichkeit gar nicht gibt. Es bedeutet außerdem die transzendente Einsicht, daß es in Wirklichkeit nie jemanden gegeben hat, der Tugenden praktizierte oder sich Lastern hingab, der Meinungen oder ausgeklügelte Theorien besaß, der zu einem Ziel unterwegs war und es erreicht hat. Es ist und war immer nur ein Phantom, ein widersprüchliches Phantasiegebilde, das in Wirklichkeit nie existiert hat.

54 Dieser Ausspruch wird dem chinesischen Meister Lü Tzu zugeschrieben.

55 Buddha wurde einmal von einem seiner Schüler gefragt: "Wenn man mich fragt, welche Ansichten mein Meister vertritt, was soll ich darauf antworten?" Da erwiderte Buddha: "Sage, der Erhabene hat keine Ansichten, er hat sich von allen Ansichten befreit."

SECHSTES KAPITEL

Die Befreiung

Die geheimen mystischen Lehren verbinden mit der Doktrin vom "Hinübergehen" oder "Transzendieren" die Lehren vom "Nicht-Handeln", vom "direkten Weg" und von der "plötzlichen Erleuchtung". Genauer gesagt werden sie als besondere Aspekte des "Transzendierens" betrachtet. Das "Transzendieren" entspricht der Befreiung, und die drei genannten Lehren stehen damit im direkten Zusammenhang. Doch zunächst stellt sich die Frage: "Was ist nach Ansicht der geheimen Lehren die Befreiung?"

Wir wissen, daß die buddhistische Erlösung in der Befreiung vom Kreislauf der Wiedergeburten besteht – Befreiung von dieser scheinbar endlosen Reise mit ihren unzähligen schmerzhaften Ereignissen. Auf dieser Reise werden wir damit zusammengebracht, was wir verabscheuen, und von dem getrennt, was uns lieb ist. Zumindest ist dies die im Buddhismus gängige exoterische Beschreibung von Erlösung.

Diese Befreiung wurde *nirvâna* genannt, ein Wort, das alle kennen, die sich mit buddhistischer Literatur auch nur ein wenig befaßt haben. *Nirvâna* bedeutet wörtlich "Auslöschung", und diese Bezeichnung ist dafür verantwortlich, daß alle möglichen falschen Vorstellungen von dem Wesen der buddhistischen Erlösung in Umlauf gebracht wurden. Wir wollen diese falschen Interpretationen hier nicht eingehend besprechen, sondern uns mit einigen Hinweisen begnügen. Wer glaubt, die buddhistische Erlösung bestehe in der Vernichtung des "*Ego*" oder "*Ich*" zum Zeitpunkt des Todes einer "*Person*", sollte nicht vergessen, daß der Buddhismus die Existenz von "*Ego*", "*Ich*" oder "*Seele*" leugnet, egal wie wir "*es*" nennen wollen. Wie kann also etwas, das es gar nicht gibt, vernichtet werden? Was tatsächlich vernichtet wird, sind falsche Ansichten, Unwissenheit und, genauer gesagt, der Glaube an die Existenz eines unabhängigen, gleichförmigen und dauerhaften "*Ich*", ein Glaube, der unser Verständnis der Welt verfälscht, indem er die Sichtweise unseres Geistes verzerrt.

Die Tibeter haben das Wort *nirvâna* nicht übersetzt. Nicht, weil sie es nicht gekonnt hätten, sondern wahrscheinlich deswegen, weil sich ihre Vorstellung von Erlösung von der anderer philosophischer Schulen des Buddhismus unterschied. Bei ihnen entspricht dem Wort *nirvâna* der Ausdruck "*über Leiden hinausgegangen*",[56] was nicht ganz so feierlich ernst klingt wie *nirvâna*. Gegenwärtig wird dieser Ausdruck verwendet, um den Tod eines religiösen Würdenträgers zum Ausdruck zu bringen. Er beinhaltet jedoch nicht unbedingt, daß der Betreffende vollkommene spirituelle Erleuchtung erlangt hat oder zu einem Buddha geworden ist. Dafür benutzen die Tibeter, oft auch bei noch lebenden Menschen, Ausdrücke wie: "Er ist Buddha geworden" und "Er ist ein Buddha".[57] Der sowohl im gesprochenen als auch im geschriebenen Tibetisch am häufigsten verwendete Ausdruck lautet jedoch *tharpa* (Befreiung) oder *thar song* (befreit sein). Bei dieser Vorstellung von Befreiung spielt der Gedanke des Todes keine Rolle. Man befreit sich im gegenwärtigen Leben, ohne es aufzugeben.[58]

56 *Mya ngen las hdas pa* [*nia niön les despa*].

57 *Sangs rgyas pa* [*sangs gyaipa*], in der Umgangssprache oft einfach nur [*sangs gya*].

58 Die geheimen Lehren bestehen darauf, daß die Befreiung plötzlich auftritt und daß die Möglichkeit besteht, so wie der Buddha im gegenwärtigen Leben Befreiung zu erlangen.

Andererseits neigen die Anhänger des südlichen *Theravâda*-Buddhismus zu dem Glauben, daß ein Erleuchteter stirbt – wenn nicht sofort, dann doch kurze Zeit nachdem er ein *ârhan* geworden ist, das heißt, nachdem er spirituelle Erleuchtung erlangt hat.

So unterscheiden die *Theravâdins* (*Hînayâna*-Buddhismus) auch zwischen dem Zustand, den ein *ârhan* bei der Erleuchtung erlangt, und dem eines Buddha, und ebenso zwischen dem Zustand des *nirvâna*, den man – wie Buddha – in diesem Leben erreicht, und dem Zustand des *parinirvâna*, den man nach dem Tod erlangt.

Die Meister der geheimen Lehren kennen zwar diese Unterscheidungen, schieben sie aber beiseite und zählen sie zu den "Gebilden des Geistes", über die man "hinausgehen" muß.

Die Meister der geheimen Lehren erklären, daß die Theorien zum Nicht-Handeln, *spros med* [*teu med*], seit undenklichen Zeiten von den Meistern an ihre Schüler weitergegeben wurden. Zur Unterstützung dieser Behauptung kann man darauf hinweisen, daß auch in China seit uralten Zeiten eine Lehre des Nicht-Handelns, *wou-wei* genannt, in hohen Ehren gehalten wird. Allerdings wird das Nicht-Handeln in den tibetischen Lehren anders verstanden als in denen des antiken Taoismus oder der noch älteren chinesischen Mystik. "Befreiung", sagen die Meister der geheimen Lehren, "erlangt man dadurch, daß man Nicht-Handeln praktiziert."

Was verstehen sie aber nun unter Nicht-Handeln? Zunächst muß man darauf hinweisen, daß es nichts mit dem Quietismus bestimmter christlicher und orientalischer Mystiker gemein hat. Auch sollte man nicht meinen, daß es hier um Trägheit ginge, daß die Meister dieser Lehren ihre Schüler zur Untätigkeit aufforderten.

Zunächst einmal ist es für ein Lebewesen unmöglich, nichts zu tun. Allein schon das Lebendigsein ist eine

Form von Handeln. Die Lehre des Nicht-Handelns betrifft deshalb in keiner Weise unsere gewöhnlichen Handlungen wie Essen, Schlafen, Gehen, Sprechen, Lesen, Studieren und so weiter. Im Gegensatz zu den Taoisten, die glauben, man müsse sich für die Übung des Nicht-Handelns in die vollkommene Isolation einer Einsiedelei begeben, halten die Meister der geheimen Lehren dies keineswegs für notwendig, auch wenn sie die "Köstlichkeiten der Einsamkeit" (wie die Buddhisten es nennen) durchaus ebenfalls zu schätzen wissen. Die Übung des Nicht-Handelns selbst dagegen halten sie für vollkommen unerläßlich, wenn man den Zustand der Erlösung (*thapa*) erlangen will.

Im vorigen Kapitel wurde darauf hingewiesen, daß weder das Praktizieren einer bestimmten Tugend noch zahlreicher Tugenden zusammen Befreiung bringen kann. Darauf weisen die Meister ihre Schüler bei der Erklärung der traditionellen, mündlich weitergegebenen Geheimlehren immer wieder hin, und ebenso unermüdlich führen sie das klassische Gleichnis der beiden Ketten an: Ob man mit einer eisernen oder goldenen Kette gefesselt ist – in beiden Fällen ist man gebunden. Praktizieren wir Tugenden, haben wir die goldene Kette gewählt, führen wir schlechte Taten aus, ist es eine eiserne Kette. Beide halten uns gefangen.

Der *Dhammapada*, der zu den kanonischen heiligen Schriften der südlichen Schule des Buddhismus gehört und wohl die ursprüngliche Lehre des Buddhas am ehesten widerspiegelt, spricht ebenfalls von diesen zwei Arten von Ketten und von der Notwendigkeit, sie zu brechen.

"Wer die beiden Ketten von Gut und Böse abgeschüttelt hat, ist ein *brâhmana*."[59]

Das Wort *brâhmana* hat hier in diesem Text die ur-

59 *Dhammapada*, 412.

sprüngliche indische Bedeutung von "jemand, der das Wissen vom *brahman* erworben hat", das heißt vom absoluten Sein, von der höchsten Wahrheit. Das ist ein spirituell Erleuchteter, der über die trügerische Welt des *samsâra* hinausgegangen ist.

Aber von welchem Handeln soll man sich denn nun fernhalten? Von der ungeordneten Aktivität des Geistes, der wie ein Baumeister mit seinen Ideen eine Scheinwelt errichtet, in die er sich dann wie in einen Kokon einspinnt? Der Verfasser der *Yogasûtras* meinte wohl dieselbe Art von Tätigkeit, wenn er schrieb:

"Yoga ist die Unterdrückung der Bewegungen des Geistes."[60]

Tsongkhapa,[61] der Begründer der Sekte der *Gelugpas* [*dGge-lugs-pa*] ("Gelbmützen"), der aller Wahrscheinlichkeit nach in die geheimen Lehren eingeweiht war, erklärte ebenfalls eindeutig, daß diese "Rastlosigkeit der Gedanken und die ihr zugrunde liegenden Samen" unterdrückt werden müssen. Eine ähnliche Ansicht brachte auch Chandrakîrti[62] zum Ausdruck, indem er sagte:

"Die Essenz des *nirvâna* ist die Auslöschung der konstruktiven Aktivität unserer Phantasie."

Keine äußere Kraft schmiedet diese Ketten, weder die goldenen, noch die eisernen, und es gibt niemanden, der uns damit an die Welt der Illusionen kettet. Unsere Vorstellungen und nicht unsere physischen Handlungen erzeugen die Ketten und halten uns durch sie gefangen.

60 *yogash-citta-vritti-nirodhah.*

61 Tsongkhapa wurde um 1356 in Amdo geboren, einem Distrikt Tibets, der heute zur chinesischen Grenzprovinz Chinghai gehört. An seinem Geburtsort wurde ein großes Kloster errichtet, in dem die Verfasserin dieses Buches mit ihrem Adoptivsohn Lama Yongden mehrere Jahre lang lebte.

62 Chandrakîrti lebte am Ende des sechsten oder zu Beginn des siebten, nach manchen Quellen aber auch erst im achten Jahrhundert, was aber wohl ein Irrtum ist. Sein tibetischer Name lautet *Zlawa grags pa [Dawa Tagspa*]. Ehe er nach Tibet kam, war er Professor an der klösterlichen Universität von Vikramashîla in Magadha, Indien.

Warum ist nun diese Aktivität des Geistes, die auf falschen Daten beruht, ein Hindernis auf dem Weg zur Befreiung? Weil diese Aktivität geistige Gebilde[63] und Luftschlösser erzeugt und unaufhörlich immer wieder neu das Abbild einer illusorischen Welt errichtet, in der wir zwar gefangen sind, die aber außerhalb unseres Geistes gar nicht existiert.

Die Meister der geheimen Lehren kommen hier zu dem Schluß: Man muß den "Weg des Sehens" (*mthong lam*) beschreiten. Auf diesem Weg werden die Tatsachen ständig aufmerksam überprüft und analysiert. Hier ist kein Platz zum Phantasieren. Auf diesem Weg wird ständig die transzendente Einsicht benutzt, und durch dauerhaftes Üben kommt sie der Vollkommenheit immer näher.

Dies ist die Vorstellung vom Nicht-Handeln gemäß den geheimen Lehren. Es geht also nicht um die Entwicklung materieller oder spiritueller Trägheit, zu der sich der Schüler zwingen muß, denn das würde eine Anstrengung erfordern und wäre damit ein Handeln. Es genügt vielmehr, den Strom des Daseins frei fließen zu lassen, ohne ihn verhindern oder lenken zu wollen; ihn einfach zu betrachten wie ein interessierter Zuschauer, zuweilen vielleicht amüsiert, jedoch immer losgelöst. Gleichzeitig fühlt man sich jedoch eins mit diesem Schauspiel, ist in den Strom versenkt, schwimmt mit ihm mit.

Der "Weg des Sehens" (*mthong lam*) ist eine andere Bezeichnung für den "direkten Weg". Die Tibeter beschreiben ihn malerisch als einen steilen Pfad, der einen schnell und geradewegs zum Gipfel führt. Daneben gibt es noch eine breit angelegte Straße, die nur langsam ansteigt und sich um den Berg herum zum Gipfel windet.

63 An dieser Stelle wollen wir noch einmal auf das erste Glied der Kausalkette aus voneinander abhängigen Ursachen hinweisen: "Die Gebilde des Geistes (*samskâras*) beruhen auf Unwissenheit."

Der erste Weg ist waghalsig und nur für Bergsteiger mit sicherem Tritt geeignet. Der andere ist für gemütliche Spaziergänger, die es nicht eilig haben und auch nicht auf schwindelerregende Höhen oder Heldentaten erpicht sind. Auf diesem langen Weg verbringen die Pilger ihre Zeit damit, die goldene Kette aus Tugenden zu polieren. Die meisten von ihnen glauben, daß sie damit ohne Schwierigkeiten und ohne Risiken Fortschritte machen in Richtung auf eine glückliche Zukunft. Die stellen sie sich in der Regel so vor, daß sie entweder unter angenehmen Lebensumständen in dieser Welt wiedergeboren werden oder in einen himmlischen Bereich kommen.[64]

Doch auch die, die eine richtigere, wenn auch vage Vorstellung von Befreiung oder *nirvâna* haben, geben nur ungern die Vorstellung auf, daß man auf dem langen Weg der Heiligkeit langsam aber sicher auch dorthin gelangen kann. Sie preisen den direkten Weg zwar, sagen aber auch, daß er gefährlich ist, weil es keine sozialen, moralischen und religiösen Leitplanken gibt und alle Reisenden Gefahr laufen, bei einem falschen Schritt in den Abgrund zu stürzen.

In der Tat mag es dumm sein, einem durchschnittlichen Menschen zu predigen, daß es weder Gut noch Böse gibt, daß sein Handeln unwichtig ist und daß er außerdem gar nicht der Handelnde ist, sondern von Gründen getrieben wird, deren vielfältige Ursachen sich in der unergründlichen Nacht der Ewigkeit verlieren.

Menschen mit einem durchschnittlichen Geist oder, wie es die Tibeter höflich formulieren, mit einem kindlichen Gemüt, können nicht verstehen, wie es beide Welten gleichzeitig geben kann: die des Absoluten und der Leere und die der Relativität, in der sie als Pilger ihre Lebensreise machen.

64 Vergleiche fünftes Kapitel.

Im Gegensatz zur gängigen Ansicht fordern die Meister der geheimen Lehren ohne zu zögern von ihren Schülern, die sie für fähig halten, die folgende revolutionäre Aussage zu begreifen:

"Der langsame, graduelle Weg des beständigen Übens von Tugenden, von Heiligkeit, führt nicht zur Befreiung."

Auch wenn der größte Heilige alles, was ihm lieb ist und sogar sein Leben selber tausendmal aus Liebe zu seinen Nächsten, aus Liebe zu Gott und für ein hohes Ideal opfern würde, so bliebe er doch Gefangener des *samsâra*, wenn er nicht verstanden hat, daß all das nur eine kindliche Spielerei ist, nicht real, ein nutzloses Schattenspiel, das sein eigener Geist auf die endlose Leinwand der Leere projiziert.

Auf dem direkten Weg kommt man scheinbar ohne jegliche Vorbereitung zu dieser Einsicht. Ein echter Bergsteiger zögert nicht, sich über den Abgrund neben seinem Weg zu lehnen und manchmal sogar hinabzusteigen und seine Tiefen zu erforschen. Er hat gelernt, aus dem Abgrund wieder herauszuklettern. Dann geschieht eines Tages plötzlich etwas anscheinend vollkommen Unbedeutendes: die Farbe einer Blume, die Gestalt eines Astes an einem Baum, eine Wolke, der Gesang eines Vogels, das Kläffen eines Schakals, das Heulen eines Wolfes in der Ferne oder auch nur ein Stein, gegen den sein Fuß trat – und in dem Moment hat er eine Vision und *lhag mthong,* die transzendente Einsicht, ist geboren.

Nun darf der Leser aber keine großartige Beschreibung dieser Einsicht erwarten! Den Schülern, die dem direkten Weg folgen, werden keine märchenhaften Szenen zur Besinnlichkeit versprochen. Die geheimen Lehren werden vielmehr in nüchterner, ihren Themen entsprechender Sprache formuliert. Erleuchtung ist die Entdeckung der Wirklichkeit, die allen Erscheinungen zugrundeliegt, und ein Erleuchteter ist sich des Platzes bewußt, den er in dieser Wirklichkeit einnimmt. Das genügt. Er wird nicht mehr von einem Trugbild getäuscht, weil er es nicht mehr erzeugt. Er hat die Ketten gebrochen und ist frei – *thar song*.

Wie andere Religionen vermittelt auch der Buddhismus der südlichen Schule (*Hînayâna*) seinen Anhängern ein düsteres Bild der Welt. Die Christen sehen diese Welt als ein "Jammertal", und den Gläubigen des *Hînayâna*-Buddhismus wird empfohlen, über die widerwärtigen Aspekte des Körpers nachzusinnen, den man als Sack mit Gedärmen und Eingeweiden ansieht, angefüllt mit Galle, Urin, Kot und so weiter. Dadurch soll ein Gefühl von Ekel erzeugt werden, das alle Bindungen an die materielle und sinnliche Welt zerstört.

Die Einstellung der geheimen Lehren ist vollkommen anders. Hier wird nicht versucht, im Schüler Ekelgefühle zu erzeugen, denn Abneigung ist ja nichts weiter als eine Art umgekehrte Zuneigung. Beide bewirken aber, daß der Mensch sich an das gebunden fühlt, dem er Bedeutung beigemessen hat, indem er es zuließ, daß sich sein Geist damit beschäftigte.

Die geheimen Lehren schreiben keine bestimmten Gefühle gegenüber irgend etwas vor. Der Meister lenkt die Aufmerksamkeit des Schülers auf bestimmte Fragen und Probleme und erwartet von ihm, daß er sie untersucht und dort seinen Grund für eine gelassene Gleichgültigkeit findet. Wenn er sich auch nicht weigern kann, eine Rolle in der Komödie oder in dem Drama dieser Welt zu spielen, so sollte er doch wenigstens begreifen, daß es sich um ein Spiel handelt. Wenn ihm auch die Rolle eines Königs, eines bedeutenden Mannes oder eines berühmten Wissenschaftlers zugefallen ist, so sollte er zumindest nicht stolz darauf sein. Und wenn er die Rolle eines armen Schluckers oder eines Dummkopfes spielen muß, so sollte er sich dessen nicht schämen. Er weiß, daß es diese Unterschiede nur auf der Bühne gibt und daß die Schauspieler ihre Kostüme ablegen, sobald das Theater vorbei ist.

Die geheimen Lehren führen den Schüler aber noch weiter. Sie ermahnen ihn, mit derselben Gelassenheit dem unaufhörlichen Treiben seines Geistes und den Tätigkeiten seines Körpers zuzuschauen. Er sollte zu dem Verständnis, zu der Erkenntnis gelangen, daß nichts von all dem ihm gehört, nichts allein von ihm kommt, nichts nur er allein ist. Auf physischer und geistiger Ebene ist er selbst die Vielzahl anderer Dinge. Diese "*Vielzahl anderer Dinge*" umfaßt die materiellen Elemente (den Grund, wenn man so will), die er seinen Erbanlagen, seinem Atavismus verdankt; ferner all jene Elemente, die er von Kindheit an mit eingeatmet hat und die er schon vor der Geburt in sich aufgenommen hat. Sie alle haben seinen Körper gebildet. Indem er sie verinnerlichte, vereinten sie sich aufgrund komplexer Kräfte in seinem Inneren zum inhärenten Bestandteil seines Wesens.

Auf geistiger Ebene umfaßt diese "*Vielzahl anderer Dinge*" viele Wesen, mit denen er zusammenlebt: Menschen, mit denen er verkehrt, mit denen er sich unterhält und deren Handlungen er beobachtet. So wird der einzelne dauernd gehemmt, während er zugleich einen Teil der Energien absorbiert, die von den Menschen, mit denen er in Berührung kommt, ausgehen. Diese wirren Energien setzen sich in ihm als etwas fest, das er dann für sein "*Ich*" hält. Sie erzeugen ein gewaltiges Durcheinander, das noch verworrener wird durch eine beträchtliche Anzahl von Wesen, die in die sogenannte Vergangenheit gehören.

Für einen Menschen aus dem Abendland besteht diese Vielzahl aus einer buntgemischten, turbulenten und streitsüchtigen Schar: Plato, Xenon, Jesus, der Heilige Paulus, Kalvin, Diderot, Rousseau, Kolumbus, Marco Polo, Napoleon und viele andere. Jeder von ihnen will der wichtigste sein und versucht, eine Wiederholung seiner eigenen körperlichen und geistigen Handlungen zu erzwingen. Damit zerren und treiben sie das arme "*Ich*" in alle möglichen Richtungen, und dieses "*Ich*" ist zu blind, um diese Phantome zu erkennen, und zu schwach, um sie auf ihren Platz zu verweisen.

Natürlich habe ich hier willkürlich Namen ausgewählt, denen die meisten Menschen im Abendland schon in Büchern oder in der Schule begegnet sind. Es handelt sich also nur um Beispiele, denn die Gäste, die jemand in seinem inneren Gästehaus beherbergt, sind keineswegs dieselben, die sich bei jemand anderem einquartiert haben. Die Einflüsse, die auf einen Inder oder Chinesen wirken, kommen offensichtlich von Menschen der entsprechenden Rasse oder von Persönlichkeiten, die in der jeweiligen Landesgeschichte eine Rolle gespielt haben.

Wird sich ein Schüler dieser Vielzahl in seinem Inneren bewußt, sollte er die Vorstellung vermeiden, die manche tatsächlich hegen, daß es sich dabei um Erinnerungen an frühere Leben handelt. Es mangelt keineswegs an Menschen, die behaupten und davon überzeugt sind, sie seien eine Inkarnation von bestimmten Personen der Vergangenheit.[65] In Asien kursieren unzählige solcher Reinkarnationsgeschichten, und sie halten im Volk das kindische Verlangen nach dem Wunderbaren wach.

Nach den geheimen Lehren besteht die "*Vielzahl der anderen*" aus etwas ganz anderem als "Erinnerungen". Sie besteht aus Lebewesen, deren Aktivitäten ihren endlosen Lauf nehmen und in allen möglichen Gestalten zum Ausdruck kommen; denn *es gibt keinen Tod.*

65 Solch einen Glauben findet man keineswegs nur in Asien, sondern auch im Abendland. In diesem Zusammenhang ist es interessant, daß die "reinkarnierte" Person meistens damit angibt, im vorigen Leben eine wichtige Persönlichkeit gewesen zu sein, manchmal sogar gleich mehrere, eine nach der anderen. Niemand scheint sich daran zu erinnern, einmal ein einfacher Schuster oder Bauer gewesen zu sein. Zumindest spricht keiner davon.

Es ist nicht die "Erinnerung" an Plato, Jesus oder Kolumbus, die in Peter oder Paul weiterlebt, sondern Jesus, Plato und Kolumbus selber sind für immer lebendig und aktiv, weil sie zu ihren Lebzeiten diese Energien in Bewegung gesetzt haben. Doch waren die Männer mit diesen Namen selber auch nur Manifestationen vielfältiger Energien. In Plato, der in Griechenland lehrte, in Jesus, der in Galiläa umherwanderte, und in Kolumbus, der sich auf das freie Meer hinauswagte, existierte ebenso wie in Peter und Paul eine lebendige Menge, deren Ahnen sich in den unergründlichen Tiefen der Ewigkeit verlieren.

Bedeutet das nun, daß die verschiedenen Persönlichkeiten, die gemeinsam ein *Ich* bilden, selber reglos bleiben? Oder anders ausgedrückt: Bedeutet das, daß dieses *Ich* überhaupt nicht handelt? "Keineswegs", antworten die geheimen Lehren. Das Individuum Peter oder Paul bildet ein Zentrum von Energien, die mit jeder Bewegung, mit jedem Wort und mit jedem Gedanken in die Welt hinausgeschleudert werden und dort Wirkungen erzeugen. Man findet in dem Gewimmel, aus dem unsere gegenwärtigen Mitmenschen bestehen, aber nicht nur berühmte Personen wie Plato, Jesus oder Christopher Kolumbus, sondern auch einfache Schuster und Bauern, die niemand in einem früheren Leben selber gewesen sein will.

Jeder, ob groß oder klein, stark oder schwach, arbeitet ununterbrochen und meistens unbewußt daran, neue Gruppen zu bilden, deren Mitglieder nicht scharfsinnig genug sind, um zu begreifen, daß sie vollkommen heterogen sind. Deshalb rufen sie alle ohne Rücksicht auf Dissonanzen und ohne zu zögern im Chor: "Ich! Ich bin ich!"

Dies sind in groben Umrissen die Theorien der geheimen Lehren zur Vielfalt und Abfolge von Leben, die man als Individuen ansieht. Man muß hier aber noch hinzufügen, daß die Kräfte, die sich in Gestalt von Peter oder Paul sammeln, keineswegs gleich stark sind. Manche nehmen eine dominante Stellung ein und drängen ihre Gefährten in den Hintergrund oder unterdrücken sie sogar.[66] Auf solche vorherrschenden Kräfte beziehen sich die Meister der geheimen Lehren Tibets bei der Erklärung des Phänomens der *Tulku(s)*,[67] die in ihrem Land ganz offensichtlich existieren. Diese Erklärung ist sehr erhaben, befindet sich jedoch in vollkommener Übereinstimmung mit der Lehre von der Nicht-Existenz eines homogenen und dauerhaften "*Ich*".

Wir wissen, daß es sich bei den *Tulku(s)* um individuelle Wesen handelt, die von vielen Ausländern fälschlicherweise als "lebende Buddhas" bezeichnet werden. Ein *Tulku* ist aber kein "lebender Buddha", sondern wird als eine Inkarnation eines bestimmten Individuums angesehen, das selber eine Inkarnation eines anderen Individuums war, und so weiter. Solch eine Linie geht auf eine bestimmte, mehr oder weniger bedeutende Person in der Vergangenheit zurück, die manchmal mehrere Jahrhunderte früher gelebt hat.

Natürlich setzt diese Vorstellung voraus, daß es ein dauerhaftes "*Ich*" gibt, das immer wiedergeboren wird und wie ein Mensch immer wieder in ein neues Haus einzieht. Genau das entspricht auch dem Glauben der Hindus. Der Buddhismus leugnet aber kategorisch die Existenz eines *Ich*. Die meisten Buddhisten wiederholen die klassische Formel dieser Leugnung ebenso automatisch wie die Gläubigen aller Religionen ihre Glaubensbekenntnisse, ohne also wirklich zu verstehen, was sie da sagen. Denn im Grunde sehen sie diese aufeinanderfolgenden Leben doch als Reise einer bestimmten Wesenheit an.

66 Vgl. den Anhang "*Eine tibetische Parabel zur Person*" in meinem Buch *Vom Leiden zur Erlösung*.

67 Geschrieben *sprul sku*. Näheres über die *Tulku*(s) finden Sie in meinem Buch *Heilige und Hexer*.

Wie bereits gesagt, haben die Anhänger der geheimen Lehren hier eine andere Auffassung. Unter den Kräften, die in Form eines Individuums zusammenkommen, können eine oder mehrere gemeinsam ein Ziel verfolgen, das in der kurzen Zeitspanne eines Menschenlebens unerreichbar ist. Ein starker Wille kann nun ein Instrument erzeugen, das in der Lage ist, die vom Tod normalerweise unterbrochenen Bemühungen fortzusetzen. Diese Willenskraft, so heißt es, erschafft dann ein entsprechendes Individuum oder bemächtigt sich eines bereits lebenden Menschen und lenkt dessen Aktivitäten zu dem erwünschten Ziel.

Soweit die Theorie, und das Wort *Tulku* paßt ausgezeichnet dazu. *Tulku* bedeutet nämlich wörtlich ein mittels Magie erzeugter “illusorischer Körper”.[68] Es gibt kein konstantes *Ich*, das wiedergeboren wird.

Was sagen die geheimen Lehren nun über die vierte übernatürliche Kraft, die Fähigkeit, frühere Leben zu kennen? Manchmal spricht man auch bildhaft davon, daß man sich an seinen früheren Wohnort erinnern kann, aber das führt häufig zu Mißverständnissen. Wir haben oben bereits gezeigt, daß ein Eingeweihter der geheimen Lehren *seine eigenen* früheren Leben als vielfältig ansieht. Diese Vielfalt existiert aber nicht nur als eine Folge von zeitlich begrenzten Leben, sondern auch als gleichzeitig stattfindende Ereignisse, als getrennte Strahlen zahlreicher Energiebündel, die wir *Individuen* nennen.

68 Die Tibeter unterscheiden zwischen *Tulku(s)* und *Tulpa(s)*. *Tulku(s)* sind Männer und Frauen, die scheinbar ganz normale Leben führen wie sie selber. *Tulpa(s)* sind mehr oder weniger kurzlebige Geschöpfe, die ganz verschiedene Gestalten haben können: Menschen, Tiere, Bäume, Steine und so weiter, ganz nach dem Willen des Zauberers, der sie erschaffen hat. Und sie verhalten sich ganz ihrer Gestalt entsprechend. Diese *Tulpa(s)* leben zur selben Zeit wie ihr Erzeuger, und man kann sie gleichzeitig sehen. In einigen Fällen könne sie ihn überleben oder sich zu seinen Lebzeiten von seiner Herrschaft befreien und eine gewisse Unabhängigkeit erlangen. Ein *Tulku* ist dagegen die Inkarnation einer dauerhaften Energie, die von einem ganz bestimmten Individuum mit dem Ziel gelenkt wird, eine genau festgelegte Aktivität nach seinem Tod fortzuführen. Ein *Tulku* lebt also nicht zur selben Zeit wie sein Vorfahre.

Daraus folgt, daß Plato, Jesus, Kolumbus und andere zwar in vielen verschiedenen Menschen weiterleben, daß jeder einzelne dieser Menschen jedoch keineswegs berechtigt ist, sich deshalb für eine Inkarnation von Plato, Jesus oder Kolumbus zu halten. Nur ein kleiner Bestandteil dieser Persönlichkeiten lebt in ihnen weiter in Gestalt von Tendenzen, von Gefühlen, die beim Lesen wachgerufen werden, oder von Gedanken, Worten und Handlungen, die bei Vorträgen über diese bedeutenden Personen auftauchen. Aber lassen Sie mich noch einmal wiederholen: Auch wenn Peter oder Paul die Worte oder Taten ganz gewöhnlicher "Schauspieler" wie Schuster oder Diener hören beziehungsweise sehen, kann das selbst zu deren Lebzeiten dem Peter oder dem Paul Elemente bringen, die in ihnen Fuß fassen, die sich in ihnen inkarniert haben, und die nun gewisse geistige oder physische Aktivitäten von Peter oder Paul bestimmen. Das heißt, der Schuster oder Diener lebt in ihnen.

Diese Fragmentierung von Ursachen und Energien muß man im Kopf behalten, wenn man versucht, nach seinen "ehemaligen Wohnsitzen" zu forschen. Sich an sie zu erinnern bedeutet, die verschiedenen Personen, die in uns leben, zu inspizieren. Wir prüfen sie, befragen sie eindrücklich, bringen ihre gewohnheitsmäßigen Lügen ans Tageslicht, beseitigen die Masken all derer, die uns eine falsche Identität vorspiegeln wollen, und wir versuchen vor allem, uns nicht selber zu belügen was die Qualität unserer moralischen Werte angeht sowie den intellektuellen und sozialen Wert unserer Gäste. Genau genommen waren dies aber gar nicht unserer Gäste, sondern sie sind *wir selber*. Sie sind in der Vergangenheit *wir* gewesen und werden auch in der Gegenwart weiterhin *wir* bleiben.

SIEBTES KAPITEL

Die Lehre vom Leersein

"In den Augen eines Buddha ist die Herrlichkeit der Könige und Minister nichts weiter als Speichel und Staub. In seinen Augen sind Gold, Silber und alle Schätze dieser Welt nichts weiter als Steine."

(Sûtra in 42 Abschnitten)[69]

"Man sollte alle Dinge als Traumbilder sehen."

(Vajracchedikasûtra der Prajñâpâramitâ)[70]

Zwei Standpunkte, zwei Einstellungen. Das *Sûtra in 42 Abschnitten* reflektiert den geistigen Zustand eines Menschen, der verstanden hat, daß alles, was die breite Masse für erstrebenswert hält, nicht nur leer, sondern geradezu widerwärtig ist. Es spiegelt die Einstellung eines Menschen, der sich als Ergebnis einer noch unvollständigen Hellsichtigkeit mit Verachtung und Abscheu von der Welt abwendet.

Die andere Einstellung ist die eines stillen Denkers, der mit seiner Urteilsfähigkeit noch tiefer eingedrungen ist in das Wesen der Manifestationen, aufgrund derer wir die Welt wahrnehmen können. Er wendet sich nicht ab. Er spürt weder Verachtung noch Abscheu. "Königliche

69 Das *Sûtra in 42 Abschnitten* gelangte um das Jahr 65 AD von Indien nach China, und es gibt Übersetzungen ins Chinesische, Tibetische, Mandschurische und Mongolische. Man nimmt an, daß es das erste buddhistische Werk ist, das ins Chinesische übersetzt wurde.

70 *Vajracchedika*, Tibetisch *rdo rje gchad pa* [*dordji tschen pa*] bedeutet "Diamantenschneider". In der heiligen Literatur steht der "Diamant" für das "Ausgezeichnete". Dieses *sûtra* soll den Schüler zu einem Wissen verhelfen, das die Fesseln des Irrtums – vor allem den Glauben an ein *Ich* – zerschneidet und zerbricht. Es soll ihm spirituelle Erleuchtung bringen.

Herrlichkeit und Reichtümer" sind für ihn nicht Speichel und Steine, sondern *leer*.

Die Bedeutung dieses Begriffes *leer*, den wir bereits benutzt haben, und auf den wir im folgenden wieder zurückkommen werden, hat zu zahlreichen Kommentaren und gewaltigen Meinungsverschiedenheiten unter den buddhistischen Philosophen geführt, und Menschen aus dem Abendland haben nur selten seinen Sinn richtig erfaßt. Obwohl die Anhänger des *Theravâda*-Buddhismus (*Hînayâna*) ihn anders verstehen als die Gelehrten des *Mahâyâna*, so ist es beiden jedoch nie in den Sinn gekommen, diese *Leere* mit *Nichtsein* gleichzusetzen.

Nichtsein ist eines dieser Worte, die man benutzt, ohne jemals wirklich zu verstehen, was sie bedeuten. Ein absolutes *Nichts* ist unvorstellbar. Wer vom "*Nichts*" spricht, verkörpert sich dadurch bereits in diesem "*Nichts*", denn er muß ja existieren, um überhaupt eine Vorstellung vom *Nichtsein* haben zu können. Damit ist die Vorstellung vom *Nichtsein* ebenso unmöglich, wie die einer bestimmten oder absoluten Begrenztheit beziehungsweise der Unendlichkeit von Raum und Zeit. Unser Geist kann sich das alles nur ganz vage vorstellen, selbst wenn er versucht, die Grenzen seiner Wahrnehmung und seines Fassungsvermögens zu überschreiten.

Wie wir bereits in den vorigen Kapiteln gesehen haben, bedeutet *Leere* ein dem Wesen nach *Leersein*, das Freisein von einem "*Ich*", das von seinen Bestandteilen, die es wahrnehmbar, aktiv und wirksam machen, verschieden und unabhängig ist. Es wurde außerdem auch erklärt, daß dieses "*Ich*" zusammengefügt ist, also aus einer Verbindung einzelner Elemente besteht wie ein Haus aus Steinen, Holz und so weiter. Es handelt sich deshalb keineswegs um ein wirkliches "*Ich*", sondern nur um eine Ansammlung oder Gruppe einzelner Teile. Das Individuum als solches ist also leer, ja, alles ist leer, weil man außer den einzelnen Bestandteilen nie etwas finden kann. Besonders die Anhänger des südlichen *Theravâda*-Buddhismus erklären das Wort "*Leere*" so.

Unter den Anhängern des *Mahâyâna*-Buddhismus hat das Wort "*leer*" die Bedeutung "*relativ*". Alles existiert nur in Beziehung oder relativ zu etwas anderem, beruht auf etwas anderem und besteht nur wegen dieser Beziehung. Diese Beziehung bildet also die unentbehrliche Grundlage ihrer Existenz, und alle Individuen und alle Dinge sind deshalb dem Wesen nach *leer*. Es handelt sich nur um Produkte aufgrund der Verbindung und Koexistenz von Ursachen. Sie sind weder von selbst entstanden, noch können sie für sich allein existieren. Folglich handelt es sich nur um Namen, die etwas bezeichnen, was seiner wesentlichen Natur nach *leer* ist.

Diese beiden Erklärungen deuten auf dasselbe hin und werden in den geheimen Lehren miteinander vereint. Hat ein Schüler diese Bedeutung einmal verstanden, muß er sich aber um noch eine weitere Bedeutung von *Leere* bemühen, nämlich die des Ursprungs von allem. Das wird in den Werken der Philosophen des *Mahâyâna*-Buddhismus erklärt. In diesem Sinne nennen die Tibeter die *Leere* metaphorisch *ka dog*, eine Abkürzung für *ka nes dog pa*, was "vom Ursprung her rein" bedeutet oder *gzhi* [*ji*] *ka dog*: "grundlegende Reinheit". *Leere* im eigentlichen Sinne wird *stong pa nid* [*tong pa gnid*] genannt. Das Adjektiv "rein" darf man hier aber nicht im moralischen Sinn verstehen. Es bedeutet vielmehr "unvermischt", ausschließlich aller anderen Elemente. Leersein bezeichnet demnach einen Zustand, in dem die Elemente keine Verbindungen eingehen und kein Phänomen erzeugen, einen Zustand also, in dem es nur latente Kräfte gibt, die sich nicht manifestieren. Es handelt sich also um einen Bereich, in dem es überhaupt keine Manifestation gibt, und deshalb kann man sich ein solches *Leersein* nicht vorstellen.

Ferner muß man bedenken, daß sich der Ausdruck

"*Ursprung der Dinge*" in den geheimen Lehren nicht auf einen Anfang des Universums bezieht, wie er in den metaphysischen Schriften der unterschiedlichen religiösen und philosophischen Lehren jeweils behandelt wird. Nach den geheimen Lehren gibt es den Ursprung der Dinge weder an einem bestimmten Ort noch zu einem bestimmten Zeitpunkt in der Vergangenheit. Er wird vielmehr jetzt erzeugt, in jedem Moment, in unserem Geist. In jedem Augenblick steigt die Welt als subjektives Bild in unserem Geist auf und löst sich im nächsten Moment schon wieder auf und verschwindet, wie "Wellen, die aus dem Meer aufsteigen und wieder in ihm verschwinden".[71] Dieser Ursprung ist anfangs frei von allen Beimischungen und bildet den Ausgangspunkt der illusorischen Welt, in der wir leben. Er ist ein flüchtiger Kontakt mit einem unerkennbaren Moment der Wirklichkeit, eine undefinierbare Kraft, die von den *vâsanâ(s)*, den Erinnerungen, sofort verdeckt wird, indem letztere darauf eine Leinwand projizieren, auf der die uns bekannten Bilder gemalt sind.[72]

In der buddhistischen Philosophie werden achtzehn verschiedene Arten[73] von Leersein aufgezählt, die veranschaulichen, was wir gerade gesagt haben, daß nämlich das Absolute, die Wirklichkeit von all unseren Vorstellungen frei, das heißt leer ist.

71 Ein geläufiger Vergleich in den Texten der indischen Philosophie.

72 Siehe zweites Kapitel.

73 Innere Leere, äußere Leere, innere und äußere Leere, Leere des Leerseins, die große Leere, wirkliche Leere, zusammengesetzte Leere, nicht-zusammengesetzte Leere, unbegrenzte Leere, Leere ohne Anfang und Ende, die Leere, die nichts zurückweist, die wesentliche Leere, Leere ohne alle Elemente, Leere ohne jeglichen eigenen Charakter, Leere ohne Wahrnehmungen und Repräsentationen, Leere ohne Angemessenheiten, Leere ohne sein eigenes Wesen, Leere ohne Eigenschaften.
Die letzten drei Arten nennt man auch Leere ohne Existenz, Leere ohne Nicht-Existenz und Leere ohne Sein und Nicht-Sein. Verneinung und Bejahung von etwas, das gleichzeitig mit seinem Gegenteil besteht, sind in buddhistischer Phraseologie ganz gängig. Damit soll ausgedrückt werden, daß der Geist an die Grenzen des Vorstellbaren gelangt. (Siehe auch Anhang).

So sind wir indirekt wieder zur Koexistenz zweier Welten zurückgekehrt, die unauflöslich miteinander verbunden sind: die Welt der Wirklichkeit und die relative Welt, von der oben die Rede war. Die geheimen Lehren fügen hier noch eine dritte Welt hinzu, die imaginäre Welt. Es stimmt zwar, daß auch Philosophen des *Mahâyâna*-Buddhismus diese Welt erwähnen, aber sie sehen sie meist als vollkommen unwirklich an, während sie in den geheimen Lehren einen gewissen Grad von Wirklichkeit besitzt.

Was ist nun diese imaginäre Welt? Sie wurde unterschiedlich definiert, als Reich der reinen Phantasie, der subjektiven Visionen oder der Vorstellungen, die keine Grundlage haben oder scheinbar ohne irgendeine Ursache auftreten. Die klassische indische Philosophie spricht hier phantasievoll und malerisch von “Himmelsblumen”.

Die geheimen Lehren lassen diese Definition nicht gelten, weil nichts ohne eine Ursache geschehen kann und selbst ungeordnete Phantasien auf Grundlagen beruhen, die man in der relativen Welt leicht finden kann.

Stellt man sich beispielsweise einen grünen Hund mit einem Elefantenrüssel vor, so bezogen wir die Bestandteile dieses Fabeltieres aus unseren Erinnerungen an Dinge, die unsere Sinne uns gezeigt haben. Wir haben Hunde, Elefanten mit Rüsseln und die Farbe Grün gesehen.

Dasselbe gilt für Traumbilder, die ebenfalls auf Bildern beruhen, an die wir im Wachzustand gewöhnt sind. Und es gilt auch für Vorstellungen und Gefühle, die im Schlaf in uns aufsteigen; denn auch sie sind in unserem bewußten oder unterbewußten Geist verwurzelt.

Aufgrund all dieser Tatsachen kommen die geheimen Lehren zu dem Schluß, daß die imaginäre Welt nicht vollkommen unwirklich ist, sondern vielmehr der relativen Welt nahesteht und sich mit ihr überschneidet.

Die tibetischen *Grubthob(s)*[74] gelten als Experten in der Kunst des Erschaffens von *Tulpa(s)*[75], von imaginären Gestalten also, die sie wie Roboter nach Belieben kontrollieren können, die aber manchmal eine gewisse eigenständige Persönlichkeit entwickeln. Es heißt auch, daß sich die *Grubthob(s)* in tiefer Meditation mit einer undurchdringlichen okkulten Schutzzone umgeben, die ihnen vollständige Isolation gewährleistet. Diese Zone schließt manchmal ihre gesamte Einsiedelei mit ein, wenn sie das Leben eines Einsiedlers führen.

Schüler, die mit dem Training gemäß der geheimen Lehren beginnen, müssen manchmal üben, mit ihrem Geist eine bestimmte Umgebung um sich herum aufzubauen, die sich von der sogenannten Wirklichkeit vollkommen unterscheidet. Sie sitzen beispielsweise in einem Zimmer und beschwören dann einen Wald herauf. Haben sie damit Erfolg, sind sie sich nicht mehr der Gegenstände in ihrem Zimmer bewußt, sondern statt dessen eines Waldes, in dem sie umherschweifen können. Dabei haben sie dann genau dieselben Empfindungen, als befänden sie sich in einem wirklichen Wald.

Solche Übungen dienen dazu, neue Schüler zu dem Verständnis zu führen, daß alle unsere Empfindungen und Wahrnehmungen nur ganz oberflächlich sind, weil wir sie auch durch Dinge erzeugen können, die wir für unwirklich ansehen. Nach den geheimen Lehren ist es aber nicht unbedingt gerechtfertigt, ihnen jegliche Wirklichkeit abzusprechen, denn jede geistige Schöpfung besitzt eine ihr ganz eigene Art von Wirklichkeit, die reale Auswirkungen haben kann.

74 *Grubthob* [*dubtob*] bedeutet jemand, der "erfolgreich war", der etwas "vollbracht" hat. Das beinhaltet, daß er übernatürliche Kräfte entwickelt hat. Eine solche Person wird im Sanskrit *siddha* genannt.

75 Dem Glauben an *Tulpa(s)* begegnet man überall in Tibet, und es gibt viele Geschichten über sie, von denen einige sehr tragisch sind. Nähre Einzelheiten zu den *Tulpa(s)* finden Sie in meinen Büchern *Heilige und Hexer, Der Weg zur Erleuchtung* und *Das übermenschliche Leben des Gesar Ling* (eine tibetische Ilias).

Die relative Welt steht der imaginären Welt wie gesagt sehr nahe, da auch sie von Irrtum und Illusion beherrscht wird. Was uns rund erscheint, mag in Wirklichkeit eckig sein, und so weiter. Natürlich sind sich die meisten Menschen nicht bewußt, daß sie sich in einer Welt aus Trugbildern befinden. Es gibt aber einige, die das erkannt haben und die in sich selber den Ursprung dieser Trugbilder entdeckt haben. Bedeutet das aber, daß sie sich in dem Moment dieser Erkenntnis vollkommen von ihnen befreit haben? Nicht immer, oder besser gesagt, nur selten. Häufig bleiben sie nämlich in einem Zustand wie Menschen, die sich im Schlaf zwar bewußt sind, daß sie nur träumen, aber trotzdem weiterträumen und ihre Träume mit großem Interesse verfolgen.[76] Aber die Szenen üben keinen Einfluß mehr auf sie aus. Wahrnehmungen und Gefühle berühren sie nicht länger und gleiten von ihnen ab, ohne in ihnen Wünsche oder Abscheu zu erwecken.[77] Mit den Worten buddhistischer Texte: "Die Betriebsamkeit dieser relativen und illusorischen Welten erzeugt in ihnen die wohlwollende Einsicht: 'Dies ist nur das'!"[78] Das bedeutet allerdings nicht, daß es "das" gar nicht gibt. Die Behauptung, "die Welt, in der wir leben, existiert gar nicht", wäre von uns aus gesehen absurd; sie wäre ja gleichbedeutend mit der Aussage, "wir existieren nicht". So, wie wir sind, gehören wir aber nun einmal zur relativen Welt, und unsere Existenz hängt von solch einer Welt ab. Allerdings existieren wir außerhalb dieser Welt tatsächlich nicht.

Was für diese Welt gilt, gilt aber auch für uns: "Wir sind nur das!" Die menschliche Eitelkeit sträubt sich zwar gegen diese Aussage, sie ist jedoch nichtsdestowe-

76 Das ist unter Menschen, die mit dieser Absicht Yoga praktiziert haben, eine ganz gängige Erfahrung.

77 "Wie Wasser von einem Lotusblatt abperlt oder ein Senfkorn von einer Nadelspitze fällt." (*Dhammapada* 401)

78 *Dîgha-nikâya.*

niger unbestreitbar. Der Mensch ist daran gewöhnt, sich für wichtig zu halten. Er liebt die schmeichelhafte Vorstellung, daß er Lehren erfunden hat, die ihm eine zentrale Stellung im Universum einräumen. Er geht sogar so weit zu behaupten, das ganze Universum mit seinen Milliarden von Welten sei einzig und allein für ihn erschaffen worden. Nur allzu gern glaubt er, daß übernatürliche Mächte seinem "*Ich*" Aufmerksamkeit schenken, daß Götter und Dämonen sehr sorgfältig seine Handlungen und Gedanken beobachten und einige belohnen, andere bestrafen. In sich selbst hat der Mensch eine Zweigstelle des unsichtbaren Tribunals göttlicher Rechtsprechung erschaffen, und dort verteilt er Lob und Tadel. Auf diesen seinen Urteilen beruht seine eitle Befriedigung, die durch sogenannte "tugendhafte" Handlungen erzeugt wird. Seine eigenen Urteile sind aber auch Grundlage für die Tragödien der Reue, die auf sogenannte falsche oder sündhafte Handlungen zurückgehen.

Als Nietzsche seine dramatische Erklärung über das "*Jenseits von Gut und Böse*" abgab, beruhte seine geradezu leidenschaftliche Heftigkeit doch auf seinem Glauben an die Existenz von Gut und Böse im herkömmlichen Sinne dieser Worte und auch auf seiner festen Überzeugung, daß der Mensch und sein Handeln wichtig seien. Ein Meister der geheimen Lehren hätte darüber gelächelt, denn in diesen Lehren haben hochtrabende Worte keinen Platz. Dem Schüler wird vielmehr kühl mitgeteilt:

"Lerne, daß du nur *Leere* bist und daß deine Taten keineswegs *deine* sind, sondern das schlichte Werk von Energien, die aufgrund vielfältiger Ursachen kurzlebige Verbindungen eingehen. Eine durchdringende und trainierte Einsicht, die mystische Einsicht (*lhag mthong*), kann die wichtigsten Ursachen erkennen, doch bleiben die zahllosen anderen unauffindbar und ohne erkennbaren Anfang in den Tiefen von Raum und Zeit verborgen, in den Tiefen der “Erinnerungen” oder *vâsanâ(s)*. Es gibt für dich also keinen Grund, dich stolz oder gedemütigt zu fühlen. Erkenne deine eigene Bedeutungslosigkeit!”

Haben wir aber einmal richtig verstanden, daß wir selbst in der relativen Welt nur einen ganz unbedeutenden Platz einnehmen, führt das nicht notwendigerweise dazu, daß wir untätig herumsitzen, überwältigt von den Beweisen unserer eigenen Nichtigkeit. Das Handeln wird damit in keiner Weise ausgeschlossen.

Ein Schüler, der schließlich begriffen hat, daß sein Leben ein Traum ist, zu dem er selber sowohl die schönen als auch die schrecklichen Szenen liefert, kann verhindern, daß dieser Traum zu einem Alptraum wird. Er kann sich bemühen, seine selbst erzeugte relative Welt so zu gestalten, daß sie ihm Wohlergehen und Freude bereitet. Natürlich üben die illusorischen Gegenstände und Bilder wie bei einer Fata Morgana nach wie vor eine Wirkung aus. Mit anderen Worte, sie sind für den Träumer Wirklichkeit, sie bestehen aus derselben Substanz und sie besitzen denselben Grad von illusorischer Existenz. Andererseits kann ein gut unterrichteter Träumer darauf verzichten, sich an Träumen zu erfreuen. Er kann aufhören, andere Träumer nachzuahmen, die ihrem Wunsch nachgeben, weiterzuschlafen und sich an den Trugbildern ergötzen, sie sich anschauen und an ihnen teilhaben.

Warum aber haben dic Träumer Angst vor dem Aufwachen? Warum stellen sie sich schon im voraus andere Träume von Höllen und Himmeln vor, die nach dem Tod auf sie warten? Wahrscheinlich deswegen, weil sie befürchten, daß mit dem Verschwinden der “Traumbilder” auch das illusorische “*Ich*” verschwindet, das ein integraler Bestandteil ihrer selbst ist. Sie haben noch nicht erkannt, daß das wahre Gesicht dieses trügerischen

"*Ich*" das Gesicht des Todes ist. Den Tod gibt es aber nur solange, wie die Vorstellung von diesem vergänglichen "*Ich*" andauert, von dieser einfachen Masse von Elementen, die alle möglichen Ursachen zusammengebracht haben, und die andere Ursachen wieder auseinanderbringen werden. Der *Dhammapada* spielt darauf an, daß dieses Phantom aus dem Feld unserer geistigen Aktivitäten verschwinden wird. Er spricht nämlich von Menschen, die "der Tod nicht sieht", das bedeutet, Menschen, für die es den Tod nicht gibt.

Das Erwachen ist Befreiung, ist Erlösung. Das ist das einzige Ziel für die Schüler der geheimen Lehren: Aufwachen. Nichts anderes taten die Buddhas, und dieses Erwachen hat sie zu Buddhas gemacht.

Wie wird sich nun aber ein Erwachter in seinem neuen Zustand als "Erweckter" anderen gegenüber verhalten? Das wirft zunächst einmal die Frage auf, ob es *die anderen* überhaupt gibt. Sind sie nicht wie alle anderen Dinge in unserer Umgebung lediglich Projektionen unseres Geistes? Warum sollten wir unseren Sinnen glauben, die uns einen von uns getrennten *anderen* vorsetzen, wenn wir doch genau wissen, daß uns unsere Sinne ständig täuschen?

Wie dem auch sei, wir, die wir nicht erweckt sind, können uns jedenfalls unmöglich den Zustand vorstellen, in dem sich ein "Erweckter" befindet. Das ist ebenso unmöglich wie der Versuch eines in seine Träume versunkenen schlafenden Menschen, sich dessen bewußt zu sein, was außerhalb seiner Träume existiert.

In praktischer Hinsicht finden wir Anreize zum Handeln in Texten wie dem *Vajracchedika-sûtra*:

"Wenn man nicht mehr an das "*Ich*", an eine "*Person*" glaubt, wenn man alle Überzeugungen zurückgewiesen hat, dann ist die Zeit gekommen, Geschenke zu verteilen."

Die Meister der geheimen Lehren lassen ihre Schüler

über diese und andere Texte meditieren. Durch langes Meditieren verlieren diese Schriften nach und nach ihren geheimnisvollen Charakter und werfen ein helles Licht auf den Weg des Pilgers durch die relative Welt, den Weg zur äußersten Vorstellung seines Geistes: eine Welt der Wirklichkeit, eine Welt der Leere.

Ganz natürlich stellt sich nun die Frage nach dem *nirvâna*, denn das *nirvâna* ist nach allgemeiner buddhistischer Auffassung das Gegenteil vom *samsâra*, der Welt der Vergänglichkeit und Illusion. Diese Auffassung wird in den geheimen mystischen Lehren kritisch untersucht. Dort heißt es, daß sie von Vorstellungen wie "*ich*" und "*andere*" und voneinander getrennten Orten, die bestimmte Gebiete im Raum belegen, gefärbt ist, und derartige Vorstellungen werden in diesen Lehren abgelehnt.

Nirvâna und *samsâra*, so heißt es, sind nicht voneinander verschieden, sondern ein und dasselbe aus verschiedener Perspektive betrachtet. Die Betrachter sind hierbei Zuschauer, deren geistiger Scharfsinn ganz unterschiedlich ausgebildet ist. Der unwissende Mensch, dessen "geistiges Auge mit einer dicken Staubschicht bedeckt ist",[79] sieht den schmerzhaften Kreislauf von Tod und Wiedergeburt mit all den Sorgen und Leiden. Der Heilige dagegen, dessen "geistiges Auge von allem Staub befreit ist", der seinen durchdringenden Blick behindern könnte, erkennt mit transzendenter Einsicht (*lhag mthong*) das *nirvâna*.

Erwachen wir nun in einer ganz anderen Welt, wenn wir aus dem Traum aufwachen, in den wir verwickelt sind und den wir weiterträumen, obwohl wir uns mehr oder weniger deutlich bewußt sind, daß es sich nur um einen Traum handelt? Werden wir nicht vielmehr in unserer Welt bleiben, auch wenn wir die dieser Welt zugrunde liegende Realität erkennen? Müssen wir nicht

79 *Mahâvagga*; siehe erstes Kapitel.

begreifen, daß *nirvâna* und *samsâra* ebenso wie Realität und Relativität Vorstellungen unseres Geistes sind und auf etwas basieren, das nicht erkennbar ist?

Nâgârjuna schreibt in seinem berühmten Werk, der *Prajñâ-pâramitâ*, im Zusammenhang mit der Leere, dem Synonym für Realität, folgendes:

"Form ist Leere und Leere ist Form. Die Leere ist nichts anderes als die Form, und die Form ist nichts anderes als die Leere. Außerhalb der Leere gibt es keine Form, und außerhalb der Form gibt es keine Leere."

Dasselbe wird über die anderen Elemente einer Person ausgesagt, z. B. Wahrnehmungen, Empfindungen, Geistestätigkeit und Bewußtsein.[80] Und dasselbe wird auch über alle anderen Punkte der buddhistischen Lehre ausgesagt, über den Buddha selbst, über alles. Alles, was wir "unser" nennen, was die Dinge und Phänomene ausmacht, aus denen unsere physische und psychische Umgebung besteht, die ganze "Welt" – alles das *ist* die Leere, und die Leere *ist* alles das. Außerhalb von all dem gibt es keine Leere, und außerhalb der Leere existiert das alles nicht.

So ist also die relative Welt nicht ein begrenzter Bereich, der durch eine starre Grenze von der wirklichen Welt getrennt ist. Nirgendwo gibt es eine Trennungslinie, denn überall gibt es Überschneidungen.

Die relative Welt ist die Leer-Wirklichkeit, und die Leer-Wirklichkeit ist die relative Welt. Außerhalb der Leer-Wirklichkeit gibt es keine relative Welt, und außerhalb der relativen Welt gibt es keine Leer-Wirklichkeit.

Glaubt der Schüler jetzt, er habe die Wahrheit erlangt? Wird er hier stehenbleiben? Sein Meister wird ihm dringend davon abraten. Bleibt er jetzt stehen, bedeutet das nur, daß er von einem Hindernis aufgehalten

80 Vgl. die Ausführungen zu den Begriffen "Bewußtsein" und "Wissen" im vierten Kapitel.

wurde. Der *Glaube* zu *wissen* ist das größte Hindernis für *Wissen.* Die Vorstellung, man besäße absolute Gewißheit, führt zu einer fatalen geistigen Stagnation.

Die geheimen Lehren treten statt dessen für einen starken Willen ein, alles wissen zu wollen, was möglich ist, niemals stehenzubleiben auf dem Weg der Untersuchung, der sich vor dem Suchenden bis in die Unendlichkeit erstreckt.

Der Schüler gerät vielleicht in Verwirrung, wenn er sieht, daß selbst Vorstellungen, die er für vollkommen solide gehalten hat, erst ins Wanken geraten und dann zusammenbrechen. Deswegen wird der Meister ihm raten, in allem nur eine Illusion zu sehen, die er am Wegesrand liegenlassen muß. Schließlich wird er seine Lektion mit den Worten beenden:

"Ich hatte niemals die Absicht, dich etwas zu lehren, sondern nur, dich zum Denken, zum Zweifeln, zum Suchen anzustacheln."

Das Thema der geheimen Lehren der Meister verschiedener philosophischer Schulen Tibets ist damit aber noch keineswegs erschöpft. Dazu gehören noch zahlreiche interessante Interpretationen der Theorien, die die Gelehrten des *Hînayâna-* und *Mahâyâna-*Buddhismus aufgestellt haben. Meine "Abhandlung" sollte nur die wichtigsten Elemente dieser Lehren aufzeigen sowie den Geist, der sie belebt. In welchem Maße es mir gelungen ist, ein klares Bild davon zu vermitteln, kann ich nicht beurteilen. Das können nur meine Leser entscheiden.

In jedem Fall scheint es mir angemessen, mit einer Erklärung zu schließen, mit der Autoren im Orient gewöhnlich ihre Erklärungen von Lehren beenden:

"Wenn meine Leser in meinem Werk Ungereimtheiten und Fehler finden, so liegt das daran, daß ich nicht in der Lage war, die mir übermittelten Lehren so auszudrücken, wie sie es verdient hätten."

ACHTES KAPITEL

Verhaltensregeln

Nach den Anleitungen des Lama Yongden, die er in Gesprächen mit spirituellen Meistern Tibets empfing.

Betrachten – Sehen – Verstehen – Handeln

Die im folgenden zusammengefaßten Verhaltensregeln sind Bestandteil geheimer Instruktionen, die von spirituellen Meistern nur im geschlossenen Kreise an die engsten Schüler weitergegeben werden. Die wichtigsten Bestandteile dieser Anweisungen wurden in den vorangehenden Seiten bereits dargestellt. Diese Verhaltensregeln haben das Ziel, die Lehren im praktischen Leben anwendbar und die Ergebnisse überprüfbar zu machen. Alle Regeln dieses Programms basieren auf einer der wichtigsten Grundlagen der buddhistischen Lehre: das *rechte Sehen* und die Entwicklung der transzendenten Einsicht. Davon war bereits in den vorangehenden Kapiteln die Rede. Es geht hier also nicht um *einen Glauben*, sondern um *das Sehen*. Unser spirituelles Training beginnt mit dem *Betrachten* und führt dann zum *Sehen*, *Verstehen* und *Handeln*. Dieses *Betrachten* muß man aber, wie auch die drei anderen Punkte dieses Programms, sowohl im wörtlichen, als auch im übertragenen Sinne verstehen.

Wenden wir uns zuerst der wörtlichen Bedeutung zu. Im Wörterbuch wird das *Betrachten* als "seinen Blick auf etwas richten" definiert, und das geschieht meist aus *Neugier*. Abgesehen von Reflexbewegungen – wenn wir beispielsweise unseren Kopf ruckartig drehen, um die Ursache für ein überraschend lautes Geräusch zu finden – geht dem Betrachten eine Gefühl von Neugier voraus. Wir möchten etwas wissen, das wir noch nicht kennen.

Alles Wissen beruht also auf Neugier, und sie bildet damit eine wesentliche Voraussetzung für den Fortschritt. Nur weil sie neugierig waren, untersuchten unsere prähistorischen Ahnen Schritt für Schritt immer weiter ihren Lebensraum und entdeckten, wie sie die ihnen zur Verfügung stehenden Materialien zu ihrem Vorteil benutzen konnten. Die Neugier, der Wunsch, die Geheimnisse des Unbekannten zu lüften, hat Eroberer, Forscher, Physiker, Ärzte, Astronomen und so weiter zu ihren jeweiligen Entdeckungen geführt. Und so führt uns die Neugier, der Wunsch zu lernen, schließlich auch zum Sieg über die Unwissenheit, über diese Ignoranz, die nach dem Buddhismus der Ursprung allen Leidens ist.

Es gibt verschiedene Formen von Neugier. Manche sind absurd und auf Gegenstände gerichtet, deren Kenntnis weder uns noch unserer Umwelt irgend einen Nutzen bringt. Diese Art von Neugier sollte man möglichst nicht kultivieren. Das soll jedoch nicht heißen, daß es schädliches Wissen gäbe und daß man bestimmte Dinge lieber nicht wissen sollte. Wissen ist immer von Vorteil. Allerdings kann sowohl die Anwendung unserer Kenntnisse als auch das Ziel, das wir mit unserem Wissen verfolgen, schädlich sein. Es hängt von unseren Neigungen, Ansichten und Leidenschaften ab, in welche Richtung wir mit unserem Wissen gehen, und diese Richtung sollten wir zuvor ganz genau überprüfen und eventuell korrigieren.

An dieser Stelle zeigt sich, wie wirksam die Übung der Aufmerksamkeit[81] ist. Wenn wir uns immer ganz

81 Zum Thema der Aufmerksamkeit bei den spirituellen Übungen der Tibeter siehe mein Buch *Der Weg zur Befreiung*.

deutlich all dessen bewußt sind, was sich in uns und um uns herum ereignet, dann erkennen wir, warum wir zu bestimmten Verhaltensweisen tendieren. Wir werden den Ursprung der inneren und äußeren Reize entdekken, die unsere Neugier wecken. Wir begreifen, was wir tun und warum wir so handeln. Auf der Basis dieses Wissens können wir dann beurteilen, ob wir unserer Neugier nachgeben oder lieber gleichgültig bleiben sollten.

Betrachten bedeutet nicht unbedingt auch "*Sehen*" im Sinne der tiefen oder transzendenten Einsicht, die oben definiert wurde. Wenn wir einen Gegenstand sehen, weil unsere Augen damit in Kontakt gekommen sind, führt das nämlich nicht notwendigerweise zu der geistigen Aktivität, aufgrund derer uns diese Wahrnehmung bewußt wird. Ein solches Bewußtsein kann außerdem mehr oder weniger deutlich sein und unterschiedlich lange anhalten. Es kann nur eine leichte Spur im Geist hinterlassen, die sofort wieder verblaßt; oder es kann sich tief in den Geist einprägen und dort eine dauerhafte Erinnerung an den wahrgenommenen Gegenstand erzeugen. Die Art des Betrachtens bestimmt dabei die Qualität des ihm folgenden Sehens.

Wir können, wie gesagt, abwesend und mechanisch in die Gegend blicken, ohne unsere Augen bewußt in eine bestimmte Richtung zu lenken. Wir können dabei eine ganze Anzahl von Gegenständen oberflächlich und flüchtig streifen, ohne offensichtliches Resultat. Ganz anders ist es, wenn wir bewußt und lange einen bestimmten Gegenstand betrachten. Das führt zu einem wirklichen Sehen, bei dem unserem Geist ein Signal übertragen wird, das er in Gedanken übersetzt: "Ich habe einen Hund gesehen, ein Haus, einen Menschen, ich habe Herrn Schmidt gesehen." Diese Gedanken führen wir dann noch weiter: "Der Hund war braun und lag vor einer halb geöffneten Tür"; "Herr Schmidt sah blaß aus und schien krank zu sein"; und so weiter. Alle diese und weitere Einzelheiten hat unser Blick gleichzeitig festgehalten und an unser Gedächtnis weitergeleitet. Dort werden diese Details in Form von Bildern gespeichert und können bei anderer Gelegenheit wieder abgerufen werden.

Wie können wir uns nun das *Sehen* mit transzendenter Einsicht (*lhag mthong*) vorstellen, das auf das aufmerksame Betrachten folgt? Nur solch ein Sehen führt den Schüler auf den "Weg des Sehens" (*lam thong*), auf dem er mit offenen und wachsamen Augen geht. Voller Aufmerksamkeit untersucht er alles, was ihm dort begegnet – von den winzigsten Kleinigkeiten bis zu den größten Schauspielen.

Die transzendente Einsicht ist ein "durchdringendes Schauen", weil man den Anschein der Dinge "durchdringen", ja geradezu "durchbohren", "transzendieren" kann. Auf diese Weise erkennt man das Wesen des materiellen oder geistigen Gegenstandes, den man begreifen will. Daraus folgt jedoch keineswegs, daß man deshalb die äußere Erscheinungsform beiseite schieben und außer acht lassen kann. Dieses "Einsehen", diese "Einsicht" wird, abgesehen von den seltenen Fällen einer unmittelbaren plötzlichen Erleuchtung, stufenweise erlangt.

Zunächst also muß man einen äußeren Gegenstand sehr aufmerksam betrachten. Wir müssen unseren mehr oder weniger neugierigen Blick bewußt auf ihn richten. Der äußere Aspekt des Gegenstandes muß sich so tief und genau unserem Gedächtnis einprägen, daß wir sein Bild jederzeit ganz klar und deutlich in unserem Geist sehen können.

Es ist nicht gut, sich unbedacht nur für transzendente Themen zu interessieren. Die Weisheit rät uns vielmehr, Schritt für Schritt auf dem *Weg des Sehens* vorwärtszugehen, eine Entdeckung nach der anderen zu speichern und sorgfältig zu überprüfen. Denn wie leicht kann man sich durch eine fehlerhafte Wahrnehmung irreführen lassen und sich auf physischer und geistiger Ebene sogar übernatürliche Fähigkeiten zuschreiben, wenn es sich in Wahrheit nur um Visionen handelt, die auf Täuschungen der Sinne oder des Verstandes beruhen.

Die äußeren Erscheinungsformen sind nicht unabhängig von der Substanz, die sie umhüllen. Gerade deshalb aber können sie uns wichtige Anhaltspunkte über ihre innere Struktur liefern. Indem wir die äußeren Formen betrachten, können wir den Schleier durchdringen, der ihr Inneres verhüllt.

Je mehr wir die transzendente Einsicht entwickeln, um so mehr wird unser Geist mit neuen Kenntnissen konfrontiert. Es stellen sich dann vollkommen neue Fragen: Wie sind die Dinge entstanden, die wir im Raum zwischen Himmel und Erde sehen? Und woher kommen die, die wir uns darüber hinaus vorstellen können? Schon immer haben die Menschen sich solche Fragen gestellt, aber sie haben auch den Menschen selber hinterfragt: Welchen Platz nimmt der Mensch im Universum ein? Was ist der Mensch? Woher kommt er? Wohin geht er? Aus den Antworten auf diese Fragen haben Menschen in allen möglichen Ländern und zu verschiedenen Zeiten ganz unterschiedliche Theorien, Philosophien und Religionen entwickelt. Wir sollten die äußeren Formen dieser verschiedenen Lehren eingehend betrachten und mit transzendenter Einsicht versuchen, dahinter die Tiefen des Instinkts zu entdecken sowie die äußeren Umstände, die ihnen zugrunde liegen. Auf diesem Gebiet erwarten uns so manche erstaunliche Entdeckungen.

Ein paar grundsätzliche wissenschaftliche Kenntnisse unserer Umwelt – von der Sonne bis zu den Ameisen – können uns zunächst zwar schnell befriedigen, können uns aber nicht mit leidenschaftlicher Neugier inspirieren. Wir nehmen einfach nur ruhig und gelassen in uns auf, was sie uns über ihren jeweiligen Gegenstand zu sagen haben.

Ganz anders geht es zu, wenn wir in Bereiche vorstoßen, in denen sich verschiedene Elemente vermischen, vereinigen und bekämpfen, die aus weiter Ferne und aus uralten Zeiten zu uns kommen und das bilden, was wir für unser "*Ich*" halten. Diese Entdeckungen können sich beunruhigend, bestürzend und sogar äußerst schmerzhaft auswirken. "*Das* soll *ich* sein?" denken wir. Das wäre uns nicht einmal im Traum eingefallen! Häufig wehren wir uns gegen solche Entdeckungen, weil wir lieber *anders* wären, eine *andere* Herkunft und ein *anderes* Schicksal hätten. Wir würden gern eine wichtige Stellung in diesem Universum einnehmen. Doch die Beweise sind erdrückend, unwiderlegbar.

Was wir für unser Individuum, unser *Ich* halten, unterteilen wir ganz willkürlich in einen physischen und einen geistigen Bereich. Der physische Teil besteht aus verschiedenen Elementen, die ursprünglich von einem anderen Individuum stammen. Mit der Zeit – manchmal schneller, manchmal langsamer – bezieht dieses Gebilde dann immer neue Bestandteile aus seiner unmittelbaren Umgebung, nährt sich durch sie, wächst und gedeiht und wird schließlich aktiv.

Der geistige Teil entwickelt sich nach dem gleichen Muster. Er stützt sich auf grundlegende Elemente, die Anlagen und Eigenschaften, die wir für angeboren halten und die sich scheinbar genau der Natur der physischen Bestandteile des Individuums anpassen. Ganz wie der Körper vergrößert sich auch dieses geistige Gebilde im Laufe des Lebens durch Vorstellungen und Ansichten, die aus der Umgebung stammen.

Das Individuum hat keinen einzigen dieser Bestandteile selber erschaffen und kann auch ihre Anordnung nicht beeinflussen. Deshalb erscheinen uns in der transzendenten Einsicht Körper und Geist keineswegs getrennt, sondern als zwei Existenzformen, die sich ständig gegenseitig durchdringen.

In diesem zweiten Stadium unseres Weges – *Sehen-Verstehen* – entdecken wir verschiedene Wahrheiten, die uns bislang nicht unbedingt aufgefallen waren und über deren Wert Zweifel aufkommen könnten. Sind diese Wahrheiten nichts anderes als Ausdruck unserer Wahrnehmungen,[82] also lediglich Beschreibungen von Standpunkten? Würden wir dieselben Sachen wahrnehmen, wenn wir anders gebaut wären, wenn wir andersartige Sinnesorgane hätten, wenn wie fähig wären, andere Aspekte zu erfassen, wenn unsere geistigen Fähigkeiten subtiler oder gröber wären?

Schon ein einfacher Blick auf unsere Umwelt zeigt uns, wie unterschiedlich unsere Artgenossen dieselben Dinge wahrnehmen, wie verschieden die Ansichten sind, aus denen sie Glaubenssysteme zusammenschmieden. Wer könnte da behaupten, seine *Wahrheit* sei *wahrer* als die seines Nachbarn oder die eines Menschen, der zu einer anderen Rasse gehört oder in einem anderen Milieu lebt? Warum sollten ein Löwe oder ein Adler glauben, daß die Formen und Farben "ihrer Welt" *wahrer* seien als dic eines Krokodils, eines Fisches oder einer Schlange? Müssen wir daraus nicht zwangsläufig schließen, daß jeder seine eigene Wahrheit hat und daß uns eine absolute Wahrheit nicht zugänglich ist?

Hier können wir noch einmal wiederholen, was oben bereits gesagt wurde: Es ist nicht gut, sich unbedacht nur

82 Zum *Sehen* siehe zweites Kapitel. Eigentlich sehen wir nicht mit den Augen, hören nicht mit den Ohren und so weiter. Unsere Sinnesorgane sind lediglich Werkzeuge, die uns bestimmte Eindrücke übermitteln, die dann von unserem Geist interpretiert werden. Dabei stützt er sich auf entsprechende Reize, die er in der Vergangenheit erhielt. Wenn Descartes schreibt: "Ich sehe aus dem Fenster, es regnet, die Menge geht unten vorbei", dann hat er wahrscheinlich gesehen, daß sich dort Mäntel, Hüte und Regenschirme bewegten. Die gehende Menschenmenge ist jedoch eine Interpretation dieser Sinneswahrnehmung.

für transzendente Themen zu interessieren. Zunächst ist es gut, durch Üben und Beobachten eine relative Wahrheit zu entwickeln, die zu uns paßt und aufgrund derer wir die Welt, in der wir leben, wahrnehmen können. Diese relative Wahrheit zwingt uns dann ein unserer Umwelt angemessenes Verhalten auf, und das kann uns sehr viel Leid ersparen. Das Leid, dem alle Lebewesen unserer Welt unterworfen sind, gehört in den Bereich der relativen Wahrheit. Dieses Leid ist Bestandteil ihrer Konstitution, aber sie verletzen sich auch an ihrer physischen und psychischen Umwelt. Aufgrund einer tiefgründigen Einsicht erkennen wir die zwar relative, aber einzige uns zugänglich Wahrheit: “Das Leben ist ein Kampf”.

Jedes Lebewesen befindet sich auf seine eigene Art ständig in einem Kampf, um sich die Elemente zu beschaffen, die es zum Überleben braucht. Sie können anscheinend ohne Nahrung nicht leben, und das in zweifacher Hinsicht: Sie brauchen Nahrung für sich selber und sind Nahrung für andere. Auf der Suche nach Beute werden sie selber auch zur Beute. Diese relative Wahrheit ist unsere Welt – *unsere* wohlgemerkt. Unsere tiefe Einsicht hat sie uns enthüllt, und wir können diesem schmerzhaften Spektakel nur scheinbar dadurch entkommen, daß wir unsere Augen davor verschließen.

Was folgt nun daraus?

Das bringt uns zur letzten Stufe unseres Programms: Wir werden *handeln*. Das bedeutet allerdings nicht, daß wir damit etwas vollkommen Neues tun. Wir haben schon immer, seit dem ersten Moment unserer Existenz gehandelt, das heißt, die verschiedenen Elemente unserer individuellen Existenz, unseres *Ichs*, sind schon immer *aktiv* gewesen. Aber jetzt wird unser Handeln von der Einsicht gelenkt, die wir im Laufe der Untersuchungen unseres Umfeldes unter Anleitung der tiefen Einsicht gewonnen haben. Wir werden handeln, indem wir unsere Aktivitäten auf Wahrheiten gründen. Die offensichtlichste von ihnen, daß die Welt nämlich ein Schlachtfeld ist, wurde mit Hilfe der tiefen Einsicht untersucht. Die Meister erklären nun, daß Menschen, die den universellen Charakter der Welt als eines unendlichen Kampfes klar erkannt haben, zwangsläufig mit einem grenzenlosen Mitgefühl reagieren.

Man kann nun diesen spirituellen Meistern entgegnen, daß eine solche Reaktion keineswegs zwingend sei. Schließlich gibt es genügend Egoisten, denen die Schmerzen in ihrer Umgebung vollkommen gleichgültig sind. Darauf antworten die Meister, daß Egoisten geistig beschränkt seien. Sie haben lediglich die Reichweite des Unglücks noch nicht begriffen und glauben, es beträfe sie weder im zeitlichen noch im räumlichen Sinne. Sie sehen nicht, daß sie in Wirklichkeit vom Leiden in seinen unterschiedlichen Ausprägungen umgeben sind und daß dieses Leiden sie letztlich und unwiderruflich in Form ihres Todes übermannen wird.

Hat ein vernünftiger Mensch nun aber seine eigene Unsicherheit mitten in all diesem Leiden erkannt, dann wird er sich bemühen, die Samen dieses Leidens aus seiner Umwelt zu beseitigen. Die einen leiden unter den falschen Vorstellungen, die anderen können dieses Leiden passiv akzeptieren.

Das unbegrenzte und unwiderstehliche Mitgefühl eines wirklich *Sehenden* wird sich in effizientem Handeln äußern. Er wird aufzeigen, daß egoistische Gefühle falsch sind und daß wir uns alle gegenseitig helfen müssen.

Kommen wir nun noch einmal auf den Rat zurück, der uns in bezug auf die äußeren Erscheinungen gegeben wurde: Wir sollten uns von diesen Erscheinungen nicht unter dem Vorwand abwenden, wir seien einzig und allein an der Wirklichkeit interessiert, die hinter dieser Scheinwelt verborgen liegt.

Es stimmt zwar, daß die gesamte relative Wahrheit

nur dem Schein nach existiert, doch ist sie integraler und untrennbarer Bestandteil der “wahren”, vielleicht sogar “absoluten” Wirklichkeit. Und obwohl uns diese unzugänglich ist, ist es doch sinnvoll, an ihre Existenz zu glauben.

Die relative Wahrheit ist also an sich nicht “falsch”, sondern stellt eine Sichtweise dar, die unseren Maßstäben entspricht. Sie ist für uns wahr, weil sie sich auf unseren Lebensbereich auswirkt. Deshalb sollten wir uns bei allem, was wir tun, dieser relativen Wahrheit bewußt bleiben. Allerdings ist es nicht angemessen, sie höher zu schätzen, als sie es verdient, sie anzubeten und uns zu ihrem Sklaven zu machen. Im Gegenteil. Es ist gut, sie zu beherrschen und nicht zu vergessen, daß es sich dabei um eine reine Schöpfung des Menschen handelt. Wir können uns ihrer zu unserem Vorteil bedienen, müssen aber zugleich auch durch Übungen, Untersuchungen und Selbsterforschung ihre Entwicklung verfolgen und täglich ihre Reichweite vergrößern. So erkennen wir, daß die Grundlagen unserer Meinungen äußerst zerbrechlich sind und daß wir oft schon heute etwas als falsch ansehen, was wir gestern noch für wahr hielten. Dann werden wir uns vor jeder Art von sturem Eigensinn hüten, und wir werden uns auch davor hüten, anderen unsere Ansichten aufzudrängen. Denn wir wissen, daß – wie es die Meister der buddhistischen Meditationssekte[83] lehren – unsere Mitmenschen für ganz andere Eindrücke empfänglich sein können: was uns schwarz erscheint, ist für sie vielleicht weiß, und was wir als weiß sehen, erscheint ihnen schwarz.

Wir erachten jede Form von Dogmatismus für unvernünftig und schädlich und praktizieren eine intelligente Toleranz, mit der allein man das beste Gut der Menschen erreichen kann: Eintracht und Frieden.

83 In Japan *Zen* genannt, in China *Ts'an.*

Anhang

Nach alter Tradition soll König Srong bstan Gampo (siebtes Jahrhundert), der berühmteste König Tibets, einer Gruppe auserwählter Zuhörer den tiefen Sinn der Lehre vom Leersein folgendermaßen erklärt haben:

"Buddha hat ausdrücklich gesagt, daß er seine Lehre vollständig dargelegt und keinen esoterischen Teil für sich behalten habe. Trotzdem hat die unterschiedliche Intelligenz seiner Zuhörer und vor allem auch das unterschiedlich entwickelte Verständnis seiner Nachfolger, die die Lehre verbreiteten, dazu geführt, daß es zu Spaltungen unter denen, die sich zu seinen Schülern zählten, kam. Keiner von ihnen hat jedoch die grundlegenden Prinzipien der Lehren des Meisters abgelehnt. Abweichungen gibt es nur in der Frage, welche Aspekte der Lehre und welche Erklärungen mehr betont werden. Das führte dazu, daß sich ein tieferes Verständnis der grundlegenden Elemente der ursprünglichen Lehre entwickelte, und daraus leitete sich dann eine ganze Reihe von Lehren ab, die den Verstand der weniger entwickelten Menschen übersteigen. Die Meister nun, die sich im Besitz des rechten Verständnisses dieser Lehren glaubten, vertraten den Standpunkt, daß sie nur an solche Schüler weitergegeben werden dürften, die ihrer Ansicht nach dazu geeignet waren." [84]

Srong bstan Gampo gilt in der Geschichte Tibets als geschickter und waghalsiger Anführer. Als König von Lhasa erwies er sich als stark genug, den Kaiser von China, Tai Tsun, zu zwingen, seiner Eheschließung mit

84 Vgl., was dazu bereits weiter oben gesagt wurde.

der kaiserlichen Tochter, der Prinzessin Wen Tchen, zuzustimmen, obwohl Tai Tsun eine Allianz mit den "Barbaren" an sich strikt ablehnte.[85]

Trotzdem wird Srong bstan Gampo bis zum heutigen Tage im tibetischen Volk nicht als mächtiger Herrscher verehrt, sondern als übermenschliches Wesen mit einem mythologischen Lebenslauf. Danach war er viel mehr als nur ein bedeutender Eingeweihter. Er besaß von Geburt an das tiefste Verständnis des höchsten Wissens, denn er war ein *avatâra* des erhabenen und mitfühlenden Tchenrezigs,[86] des Schutzheiligen Tibets, der Mensch geworden war, um seine auserwählten Kinder, die guten Menschen aus dem Lande des Schnees, zu belehren und zu führen.

Die Predigten des Srong btsan Gampo setzen unterschiedliche Verständnisebenen der buddhistischen Lehre voraus und erreichen ihren Höhepunkt in der Theorie des Leerseins.

Das Leersein bedeutet, wie wir schon gesagt haben, nicht einfach ein "*Nichts*". Aber dieser Begriff gehört auch nicht zu einer Kosmogonie, die mit einer Erklärung beginnt wie "Am Anfang war die Leere".[87] Trotzdem sehen einige in der klassischen Aussage "*gzhi ka dag – rtsal len grub*"[88] – "in der ursprünglichen reinen Grundlage entstand aus sich selbst heraus eine Energie" – eine Erklärung des Ursprungs des Universums.

Die geheimen Lehren, die dem Srong bstan Gampo zugeschrieben werden, widersprechen dieser Auffassung. Danach ist die ursprüngliche Leere (*gzhi ka dag*)

85 Die Hochzeit fand im Jahre 641 statt.

86 Der tibetische Name des Bodhisattva Avalokiteshvara.

87 Es ist allgemein bekannt, daß die buddhistische Lehre jede Art von Kosmogonie ablehnt, jede Bescheibung eines Anfangs vom Universum im absoluten Sinne.

88 [*ji ka dag – tsal len dup*]. Diese Erklärung wird vor allem von der Sekte der "Großen Errungenschaft" *(rdzogs chen pa)* in hohen Ehren gehalten.

die unvorstellbare Existenz des Geistes, noch ehe eine von selbst entstandene Energie (*rtsal len grub*) das Aufsteigen von *samskâra(s)* in diesem Geiste verursachte. Diese erzeugten dann die Bilder, aus denen unsere Welt besteht. In dieser Leere des Geistes, einer besonderen Art von Leere, entstehen, bestehen und vergehen nun alle Phänomene, die unsere Sinne wahrnehmen. Dabei handelt es sich also um Phänomene, die wir fälschlicherweise für Szenen halten, die sich außerhalb von uns abspielen, während sie in Wirklichkeit nur in uns existieren.

Die Predigten des Königs erklären die achtzehn Arten von Leere, die in den philosophischen Werken behandelt werden, in Beziehung zu der Leere des ursprünglichen Geistes. Zusammenfassend heißt es da:

"Der Geist ist mit dem Raum vergleichbar. Er hat, wie dieser, weder ein Innen noch ein Außen. In seinen Tiefen findet man nichts anderes als die Leere.

Die Vorstellungen von Kontinuität und deren Gegenteil sind auf den Geist ebenso wenig anwendbar wie Begrenztheit und Unbegrenztheit auf den Raum.

Es ist unmöglich, einen Ort zu finden, an dem der Geist entstand, einen Ort, an dem er später existieren wird, und einen Ort, an dem er schließlich aufhört zu existieren. Der Geist ist ebenso wie der Raum in allen drei Zeiten leer: Vergangenheit, Gegenwart und Zukunft.

Im Raum sehen wir, wie Wolken kommen und gehen, ohne daß wir feststellen könnten, woher sie kommen, wo sie sind und wohin sie gehen. Wir sehen Sonne und Mond, die Sterne und Planeten, aber was ist der Raum selbst?

Den Raum *an sich*, sein Wesen, seine Natur kann man nicht mit Worten beschreiben. Man kann ihn sich nicht vorstellen. Dasselbe gilt für den ursprünglichen Geist. Er ist leer, hat selbst kein Wesen, keine Eigenschaften, und man kann ihn nicht begreifen."

Auch die “*Transzendenz*”[89] wird im Hinblick auf die Leere erklärt. “Über Wissen hinausgehen” bedeutet, den Geist erneut in seine ursprüngliche jungfräuliche Welt zu versenken, die, wie der Raum, alles enthalten kann, eben weil sie leer ist.

Zum Abschluß dieser Ausführungen werden alle Lehren und Methoden, die uns angeblich über unsere relative Welt hinausführen können, eindeutig als wertlos verworfen. Unsere Welt ist begrenzt, doch sind ihre Grenzen für uns unfaßbar. Deshalb ist sie für uns so gut wie grenzenlos. Wir versuchen, unsere Welt mit Hilfe von Theorien, Ansichten und Vorstellungen zu gestalten und zu begreifen, doch schaffen wir uns damit nur Bindungen, die uns gefangen halten.

Das “Transzendieren” und das “Nicht-Handeln”[90] sind für uns Mittel, geistige Freiheit zu erlangen. In Wahrheit geht es nicht darum, etwas *zu machen*, sondern etwas *rückgängig zu machen*, den Geist zu klären und soweit wie möglich rein und leer zu machen. Und *Leersein* bedeutet für uns immer – *Freisein*.

Damit kommen wir zum Ende unserer kurzen Abhandlung über die geheimen Instruktionen der spirituellen Meister Tibets an ihren engeren Schülerkreis. Folgende Punkte sollen abschließend hervorgehoben werden:

Die philosophische und religiöse Elite Tibets ist weit entfernt vom rituellen Tantra und von den shivaitisch-hinduistischen Lehren und Praktiken, die zum großen Teil aus Nepal eingeführt wurden. Sie lehnt aber ebenso den Glauben und die bis heute erhaltenen Riten der vorbuddhistischen *Bön*-Religion ab, einer Mischung aus Schamanismus und populärem Taoismus. Mit anderen Worten, die tibetische Intelligenz außerhalb und inner-

89 Siehe fünftes Kapitel.
90 Siehe sechstes Kapitel.

halb der Klöster verwirft diese Art von Schamanismus und Tantrismus, die sich teilweise hinter einer buddhistischen Terminologie verbirgt und heute die vorherrschende Religion Tibets darstellt. Sie bekennt sich statt dessen eindeutig zur Philosophie des Nâgârjuna, deren Grundsatz lautet: "Laßt euch nicht von euren Vorstellungen beherrschen."

Dem Beispiel Buddhas folgend geben diese Intellektuellen den Drang auf, dauernd neue Konzepte aus den Fäden zu stricken, die uns unsere unvollkommenen und vom Anschein der Dinge irregeführten Sinne ständig übermitteln. Die Meister der tiefgründigen spirituellen Lehren Tibets folgen weiterhin dem Beispiel des Buddha, der schon in seinen frühen Predigten vor den *samskâra(s)* (den geistigen Prägungen) warnte, indem sie ihre Schüler dazu auffordern, nach der transzendenten Einsicht zu suchen, richtig sehen zu lernen und zu erkennen, daß sich die Dramen dieser Welt nicht außerhalb von ihnen, sondern in ihnen abspielen und – wie es der asketische Dichter Milarepa in einem seiner Lieder ausdrückte – "aus unserem Geiste auftauchen und dort auch wieder verschwinden".